COMMUNICATIONS
FACILES ET ÉCONOMIQUES.

SUPÉRIORITÉ

DES

ROUTES EN BÉTON

SUR

LES CHEMINS DE FER ET LES CANAUX.

COMMUNICATIONS

FACILES ET ÉCONOMIQUES.

SUPÉRIORITÉ

DES

ROUTES EN BÉTON

SUR

LES CHEMINS DE FER ET LES CANAUX.

PAR

F. THOMASSIN,

CAPITAINE D'ARTILLERIE, CHEVALIER DE LA LÉGION D'HONNEUR.

STRASBOURG,

De l'imprimerie de F. G. LEVRAULT, rue des Juifs, n.° 33.

1836.

SUPÉRIORITÉ

DES ROUTES EN BÉTON

SUR LES CHEMINS DE FER ET LES CANAUX.

Démontrer que plus on facilite les communications, plus on assure le bien-être des peuples, est maintenant superflu; on est généralement d'accord sur ce point. Aussi depuis quelques années toutes les spéculations se sont-elles dirigées vers ce grand but; mais pour l'atteindre il faut résoudre un double problème : CÉLÉRITÉ ET BON MARCHÉ. Examinons d'abord si parmi les moyens employés jusqu'aujourd'hui il y a possibilité d'y parvenir.

Avant l'invention des chemins de fer, nous n'avions sur les continents que deux moyens de transport : 1.° sur terre par bétes de trait, 2.° par les canaux.

Le transport sur terre par chevaux a été sensiblement amélioré depuis quelques années, par un système d'entretien de nos routes appelé Mac-Adam, et par l'adoption forcée de jantes de roues larges; aussi le prix de transport a-t-il déjà considérablement diminué; et cependant il y a peu de perfectionnements dans la construction des voitures et le mode d'attelage, parce qu'il est difficile de détruire les habitudes contractées et conservées par l'ignorance de la classe d'hommes qui font le commerce du roulage. Le seul perfectionnement qui soit sensible est celui du transport des voyageurs, où la baisse des prix et la vitesse ont déjà fait des progrès notables; mais pour le roulage comme pour le transport des voyageurs, toute augmentation de vitesse exige une augmentation de dépense; d'ailleurs la vitesse des chevaux a des limites assez restreintes qu'on ne pourra jamais dépasser, quels que soient les perfectionnements des routes et des attelages.

Les canaux sont le second moyen : les prix de transport y sont sensiblement au-dessous de ceux du roulage; mais la vitesse est bien inférieure à celle du transport sur terre, et la lenteur est telle qu'on ne confie à ce genre de transport que des marchandises lourdes, encombrantes, de peu de valeur, et dont on peut attendre l'arrivée : et cependant ils ne procureront de vitesse qu'autant qu'on pourra y appliquer la vapeur.

On ne peut construire des canaux que là où il y a de l'eau et où les accidents de terrain n'offrent pas de trop grands obstacles; et l'eau ne se présente pas partout.

Un canal ne peut être construit avantageusement que sur une ligne commerciale dont le mouvement est assez grand pour que le péage ne soit pas trop élevé, les dépenses se composant des intérêts des capitaux employés à la construction, des frais d'entretien et d'administration.

On sait d'ailleurs qu'un canal n'est pas viable toute l'année, que les gelées, les sécheresses, les curements et les réparations sont des causes de chômage qu'on ne pourra jamais éviter.

Le besoin de la vitesse a été tellement senti, que l'on a imaginé un troisième genre de communication, les chemins de fer, la vapeur ayant pu y être appliquée avec le même succès qu'à la navigation. Ce genre de chemin présente si peu de frottement, qu'une très-petite force peut traîner de grands fardeaux, mais il faut payer cet avantage fort cher. Ce chemin a besoin d'être horizontal ou presque horizontal; car le frottement, n'est que $\frac{1}{200}$. Il s'ensuit qu'à une pente très-faible la force de gravitation l'emporte sur le frottement dans les descentes; voilà pourquoi on ne peut dépasser une pente de $0^m,0045$ par mètre, arrêtée par l'administration, sans encourir des dangers. Et l'expérience a déjà prouvé que les plans inclinés avec machines fixes offraient trop d'inconvénients; aussi y a-t-on renoncé. Qu'on se représente alors une ligne horizontale tirée au travers des ondulations que présentent presque tous les pays, on concevra de suite les travaux immenses en terrassements, souterrains, déblais, remblais et ouvrages d'art. Si le pays est plat, on rencontre d'autres obstacles : tels que rivières, ruisseaux, habitations et chemins, et là ordinairement le terrain est plus cher. La dépense des chemins de fer sera donc toujours très-élevée : le prix moyen est environ 800,000 francs par lieue. Le péage sera donc forcément très-élevé. En conséquence les chemins de fer ne peuvent produire que la vitesse.

Aucun de ces trois moyens de communication ne réunit donc à la fois ces deux conditions importantes : CÉLÉRITÉ ET BON MARCHÉ.

DES VOITURES A VAPEUR.

Les conditions de bon marché et de vitesse sont désirées et recherchées depuis long-temps, et on a cru les trouver dans l'application de la vapeur sur les routes ordinaires. Il y a déjà bien des années que des mécaniciens habiles ont tenté de faire cette application.

Ewans, de Philadelphie, qui le premier appliqua avec succès la vapeur aux navires, essaya, en 1780, de l'appliquer aux voitures; il chercha à former une compagnie pour réaliser ce projet; mais il fut obligé d'y renoncer faute de moyens suffisants. Depuis, différents essais plus ou moins heureux ont été tentés. Le célèbre Watt, en 1784, prit une patente pour l'application de la vapeur aux voitures. Richard Trevitick en 1802, Blinkinsop en

1811, Griffith en 1821, David Gordon en 1824,
et Guerney en 1826, firent de nouveaux essais.
Ce dernier est le seul qui ait eu un service orga-
nisé pendant six mois; mais le parlement, ayant
été induit en erreur, frappa ses voitures d'une taxe
exorbitante, qui le força de cesser. M. Dance ayant
fait l'acquisition des voitures de M. Guerney, pré-
senta une pétition au parlement, et le parlement
prit cette demande en considération et nomma un
comité d'enquête. Ce comité appela auprès de lui
les hommes les plus instruits en mécanique, économie politique, finance et agriculture, et après
trois mois d'une sérieuse investigation, il fit son
rapport le 12 octobre 1831, et déclara qu'il était
convaincu :

« 1.° Que des voitures à vapeur pourraient être
« mises en mouvement sur les routes ordinaires
« avec une vitesse de trois lieues à l'heure;

« 2.° Que le poids, y compris la machine et les
« gens de service, était de 3400 kilogrammes;

« 3.° Qu'avec cette vitesse, ces voitures pou-
« vaient transporter quatorze voyageurs;

« 4.° Qu'elles pouvaient monter et descendre les
« montées d'une très-grande inclinaison avec faci-
« lité et sûreté;

« 5.° Qu'elles deviendront un mode de trans-
« port plus rapide, moins dispendieux, que les
« voitures traînées par les chevaux;

« 6.° Qu'elles n'étaient point dangereuses pour
« les voyageurs ni pour les passants;

« 7.° Qu'elles causeraient moins de dommage
« aux chemins que les voitures traînées par les
« chevaux;

« 8.° Et que, pour encourager, il y aurait lieu
« de diminuer les droits dont elles avaient été
« grevées par plusieurs bills. »

En conséquence de ce rapport, les droits de péage pour les voitures à vapeur ont été fixés aux mêmes taux que ceux pour les voitures ordinaires, et ces voitures ont été affranchies d'autres droits très-considérables qui pèsent sur les voitures ordinaires, et qui peuvent être comparés aux impôts indirects que paient nos diligences.

En Angleterre, dans ces dernières années, MM. Dance, Macerone, Hancock, Ogle et Summer ont cherché la solution de ce problème avec la plus grande persévérance, et chacun a obtenu du succès.

En France, M. Hamond, homme du plus haut mérite, ingénieur en chef du canal de jonction du Rhin au Danube par la Kintzig, précédemment directeur des mines du Vigan, a construit une voiture à vapeur qui a eu le plus grand succès; il vient de faire fonctionner, devant l'Institut de France, une autre voiture sur un petit modèle qui ne laisse rien à désirer; et les petits modèles dans ce genre présentent beaucoup plus de difficultés qu'une machine d'une grande dimension. Aussi l'Institut lui a-t-il témoigné sa satisfaction et donné son approbation. Son producteur de vapeur est construit sur les vrais principes reconnus les meilleurs, c'est-à-dire que le liquide est divisé, et par conséquent le volume total est aussi petit que possible, tout en produisant de très-grandes surfaces. Cet appareil possède, comme nous le verrons plus loin, ces qualités si essentielles d'éviter les explosions, d'être très-puissant, léger, économique et moins cher.

Vient ensuite la voiture de M. le colonel Asda, qu'il a importée d'Angleterre, de la construction du colonel Macerone, cité plus haut : son producteur de vapeur est aussi construit sur les mêmes principes, il laisse quelque chose à désirer dans sa disposition ; l'auteur n'en est pas satisfait puisqu'il cherche à le perfectionner.

Vient en troisième ligne la locomotive de M. Dietz, qui est aujourd'hui la seule en expérience ; ce qui lui fait honneur, c'est sa constance ; malheureusement dans son début il n'a pas fait l'application de ce principe que nous avons cité plus haut : il avait un producteur avec un volume d'eau unique, ou ce que l'on appelle une chaudière ; il paraît que depuis il en a reconnu le vice, puisqu'il a fait venir d'Angleterre un producteur à la Steephenson, dont le principe est celui des grandes surfaces, mais ayant encore un trop grand volume d'eau, et une disposition vicieuse, cet appareil est inférieur aux autres, quoique ce soit celui qui est employé sur les chemins de fer de Liverpool à Manchester.

Il paraît que ces voitures jouissent d'une parfaite suspension; elles ont fait nombre de grands trajets et à grandes vitesses sur des routes accidentées. Depuis les expériences faites en 1831, on a démontré que les nouvelles voitures à vapeur peuvent faire jusqu'à six lieues à l'heure sur les terrains les plus montueux, et huit lieues en plaine. Elles n'ont pas plus de volume que les omnibus; elles circulent avec plus de facilité dans les rues les plus populeuses de Londres et de Paris; il n'existe pas de voitures moins dangereuses et aussi douces (excepté les voitures sur chemins de fer) ni aussi faciles à diriger. On peut les mettre en mouvement ou les arrêter, les tourner à droite, à gauche avec une précision presque mathématique. Le succès que ces mécaniciens ont obtenu, excitait des transports de joie tels qu'on n'en a jamais vus dans aucune autre circonstance.

Ces voitures sont enfin arrivées à un haut point de perfection; la physique et la mécanique ont fait tout ce qui était en leur pouvoir; mais ces véhicules ne pourront avoir un succès complet, qu'autant qu'elles seront exemptes des chocs causés par l'état de nos routes. Les chocs détruiraient en peu de temps leurs mécanismes si délicats et nécessiteraient de grands frais de réparation qui rejailliraient sur le prix de transport.

Cela a été compris en Angleterre comme chez nous, quoique les routes des Anglais soient supérieures aux nôtres, parce que dans ce pays on fait tous les sacrifices pour améliorer ce qui doit donner la vie au commerce. Nonobstant leur supériorité, on cherche comme ailleurs à les perfectionner pour pouvoir donner un plein succès aux voitures à vapeur; et c'est maintenant une opinion accréditée, que les chemins de fer sont une duperie, vu l'emploi des grands capitaux exigés, et qu'ils ne peuvent être exécutés avec quelques avantages que là où il y a un commerce très-actif. En conséquence, il s'est formé une compagnie pour établir des ornières de granit, qui coûtent encore 200,000 francs par lieue pour deux voies. Une autre société s'est organisée pour la fabrication de briques d'une terre particulière qui vient d'être découverte. Ces briques sont aussi dures et durables que du granit; elles sont moulées de manière à se pénétrer les unes les autres, pour former ainsi entre elles une espèce de prisme. Un chemin de quatre ornières pour deux voies coûte 80,000 francs par lieue de 4000 mètres. Mais dans l'un et l'autre cas les deux voies se composent de quatre prismes quadrangulaires parallèles; elles ne se fortifient pas réciproquement, elles sont sans bases, sans liaisons; elles présentent à la surface de la route huit arêtes, qui sont susceptibles de se rompre; les dégradations doivent par conséquent y être plus fréquentes.

Nous observerons en outre que les ornières de pierres ou de briques ne remédient qu'à un seul défaut des routes ordinaires, celui de leur procurer une surface dure, mais qui ne sera jamais assez unie; car les angles des pierres ou des briques, s'arrondissant, causeront par cela des joints assez sensibles pour donner des chocs, et c'est là un défaut majeur. Il serait préférable de faire circuler une voiture de ce genre sur une prairie unie, en dépensant plus de force, que de la faire rouler sur un pavé où la machine serait bientôt disloquée.

Il reste donc un obstacle à vaincre pour compléter la solution du problème, et cet obstacle est indépendant des machines : il est dans la nature des routes. Que faut-il donc pour rendre ce système de transport parfait? Je pense qu'il n'y a pas autre chose à désirer, que d'avoir des routes qui soient assez unies et assez dures pour que les roues des voitures n'y enfoncent pas, et que cette surface soit tellement imperméable que les intempéries n'y produisent aucun changement. A coup sûr, c'est tout ce qu'on peut souhaiter. Après bien des recherches et des travaux, nous avons trouvé que le *béton* remplissait parfaitement toutes ces conditions, et qu'il a même surpassé notre attente, comme nous le verrons dans la suite.

Ayant trouvé la matière qui doit donner à nos routes une surface dure et *unie*, et qui doit contribuer efficacement à la solution du grand problème des communications faciles, nous allons continuer d'examiner les voitures à vapeur, mais appliquées aux routes en béton, et les comparer avec les autres genres de transport avant d'entrer dans des détails sur les routes en béton.

D'après tout ce qui précède, il n'est plus nécessaire de démontrer que les voitures à vapeur peuvent être employées sur les routes, et qu'elles auront tout le succès qu'on peut attendre dès que les routes seront améliorées comme nous le proposons. Nous les examinerons aussi sous le rapport de la sécurité des voyageurs, de l'économie, de la vitesse et de l'agrément.

Sécurité.

Elle est de deux genres : 1.° la crainte des explosions ; 2.° la crainte de verser.

Nous croyons qu'il est important de rassurer sur le danger des explosions, notamment les personnes qui ont encore des préventions, parce qu'elles ignorent les progrès faits par la science, ainsi que les précautions prises par l'autorité, et que, lorsqu'un seul événement malheureux arrive, les journaux en retentissent pendant des années entières, tandis qu'ils gardent le silence sur un bien plus grand nombre de naufrages des bâtiments naviguant par la force des vents, ainsi que de toutes les voitures ou diligences qui ont versé; et pourquoi? Parce qu'on est habitué à ces événements depuis des siècles. Les appareils de vaporisation sont arrivés à un haut point de perfection, particulièrement les machines qui sont pourvues de producteurs de vapeur tubulaire.

La Société d'encouragement pour l'industrie nationale, dans ses hautes vues philanthropiques, a proposé deux prix de 12,000 francs chacun, pour être donnés en 1835, pour des moyens de sûreté contre les explosions des machines à vapeur, et des chaudières de vaporisation.

Je me suis mis sur les rangs, non dans le but d'obtenir le prix, parce que je savais que je ne pouvais remplir une des conditions du programme, c'était purement dans un but d'utilité, tel que l'indique ma devise. J'ai donc adressé un mémoire avec dessin et devis à la société en temps opportun.

Voici ce qu'on lit à ce sujet dans le rapport que M. le baron Séguier a fait à la société, dans la séance du 30 décembre 1835, sur le concours pour la découverte des moyens de sûreté contre les explosions des machines à vapeur et des chaudières de

vaporisation, Bulletin n.° 1578, décembre 1835, page 562. « Parmi les mémoires adressés à la so-
« ciété pour le concours, nous avons lu avec intérêt
« celui portant pour devise : *Le désir d'être utile à*
« *son prochain doit être le premier de nos soins* »
(que je reconnais m'appartenir).

« Ce mémoire, à la suite d'une judicieuse dis-
« cussion des causes d'explosion, de l'insuffisance
« des moyens actuellement employés pour les pré-
« venir, contient la description et le devis d'un
« producteur de vapeur, construit dans le but de
« rendre nul le danger de l'explosion.

« L'auteur de ce mémoire a parfaitement compris
« que le seul moyen de résoudre ce problème, était
« de diviser le plus possible la masse du liquide à
« vaporiser. Après avoir indiqué quels étaient les
« circonstances dans lesquelles le calorique était
« le plus utilement appliqué au liquide pour le
« transformer en vapeur, il nous a soumis les plans
« et le devis d'un producteur de vapeur. Nous nous
« plaisons à rendre hommage à sa bonne disposi-
« tion, et nous exprimons ici le regret qu'une ex-
« périence pratique n'ait point encore sanctionné
« *le jugement favorable que nous n'hésitons pas à*
« *porter sur le mérite de cet appareil.*

« Ce concurrent ne s'est pas dissimulé qu'il se
« trouvait hors des conditions du concours; il n'en
« a pas moins voulu nous soumettre ses réflexions

« et ses plans. Nous le prions d'accepter nos remer-
« cîments pour son zèle désintéressé. »

Une condition du programme était qu'il fallait produire un certificat de l'autorité, constatant qu'une machine de la force de dix chevaux était en activité depuis un an. Il est vraisemblable qu'en remplissant cette condition, très-difficile, j'aurais obtenu le prix : ainsi donc on peut considérer le problème comme résolu. Mettons donc de côté un danger qui ne peut plus exister.

Crainte de verser.

Nous n'aurons pas l'absurde prétention de ceux qui ont annoncé des voitures inversables. Nous passerons en revue quelques perfectionnements qui donneront plus de garanties que toutes les voitures inversables qu'on a prônées, et pour cela nous rechercherons toutes les causes probables qui ont occasionné le versement des voitures, afin d'y remédier. Nous les trouverons : 1.° dans la nature des voies; 2.° dans les accidents inhérents aux voies; 3.° dans les voitures; 4.° dans les moteurs.

1.° Dans la nature des voies.

Les voies par terre ont été jusqu'aujourd'hui de deux sortes : les routes ordinaires et les chemins de fer. Les routes ordinaires doivent avoir une convexité pour l'écoulement des eaux, et cette convexité force les trains des voitures d'être toujours inclinés.

Sur le béton les eaux ne produisent pas le moindre dégât; les voies ou bandes seront horizontales; elles n'auront de pentes que celles rigoureusement nécessaires dans le sens de la longueur, pour se conformer aux ondulations naturelles du terrain environnant : les deux trains de chaque voiture seront donc toujours horizontaux.

Les routes ordinaires sont hérissées de fortes aspérités, qui sont capables de faire perdre l'équilibre à une voiture animée d'une grande vitesse.

Les routes en béton seront toujours très-unies par leur nature; elles n'auront jamais d'aspérités qui puissent causer des chocs, et malgré cela, par précaution, on suspendra en avant des roues, une pièce en fonte, qui aura la forme d'un V, rasant le sol. Cette pièce jettera à droite et à gauche toutes les pierres qui pourraient se trouver dessus, soit accidentellement, soit malicieusement; et cette pièce pourra être appropriée en même temps à ôter la neige ou la poussière.

Les accottements des routes ordinaires sont toujours couverts par des tas de matériaux pour l'entretien des routes; on dirait que ces tas de pierres sont destinés à encombrer, à obstruer les routes, et à présenter les occasions pour renverser les voitures. Car, pour peu que les conducteurs commettent des fautes, ou que les chevaux soient rétifs, les roues montent sur les tas de pierres, et les voitures versent.

Lorsque les zones de béton seront établies et servies par les locomotives, le prix de transport sera si bas que les voitures avec des chevaux cesseront ; elles ne pourront plus soutenir la concurrence. Alors le milieu de la route ne sera presque plus fréquenté, l'entretien deviendra nul, la route sera débarrassée de ces pierres.

Les chemins de fer présentent d'autres inconvénients : d'abord il arrive quelquefois que les roues échappent des rails ; ensuite il faut beaucoup d'ordre, de méthode, pour que les convois ne viennent pas à se heurter l'un contre l'autre.

2.° *Des accidents inhérents aux voies.*

Les accidents inhérents aux routes ordinaires sont les montées, les descentes, les tournants et les verglas.

Les *montées* n'ont guère d'autres inconvénients avec les animaux que la lenteur et un surcroît de force ; il arrive seulement quelquefois que des chevaux refusent de monter, et qu'ils sont même assez vicieux pour vouloir retourner.

Sur le béton, avec des voitures à vapeur, nous n'aurons pas cet inconvénient.

Le danger des *descentes* sur routes ordinaires

appartient plutôt aux moteurs, ce qui sera examiné plus loin.

Sur les chemins de fer il n'y a nul inconvénient dans les montées, seulement une augmentation de dépense en combustible.

Sur les mêmes chemins les descentes sont très-dangereuses; à une très-petite pente le frottement est détruit, le convoi tombe de son propre poids, les freins peuvent devenir insuffisants, ils peuvent se rompre, alors il doit en résulter les plus grands malheurs; aussi l'administration ne permet-elle pas de pentes au-dessous de $0^m,0045$ par mètre.

Sur les chemins de béton le frottement est deux fois et demie plus grand que sur fer, et si les freins ne pouvaient empêcher une trop grande vitesse, on pourra quitter le béton pour se placer sur la terre, où le frottement devient quintuple. Il n'existe pas de voies qui offrent autant de ressources que celles-ci.

Les voituriers ont assez de bon sens pour choisir les parties les plus dures de la route pour monter les côtes, et les parties les plus molles pour descendre.

Les changements de direction ou *tournants* se font avec assez de facilité lorsque les chevaux sont dociles, si on a l'attention de décrire un cercle convenable; cependant il arrive encore assez souvent que l'indocilité des chevaux peut causer un versement en tournant trop court, ou tout autre accident.

Les tournants sur chemins de fer présentent de grands obstacles; aussi, déjà plusieurs mécaniciens ont-ils cherché des améliorations. L'administration exige que les rayons de raccordement aient au moins 600 mètres.

Les locomotives sur chemins de béton ne présentent aucun obstacle dans les tournants; elles rentrent dans la catégorie des voitures ordinaires. Le pilote étant placé au-dessus des roues de devant, la mécanique lui permet de les faire pivoter sans effort, et il décrira avec la plus grande précision l'arc de cercle voulu pour entrer dans la nouvelle direction, et beaucoup plus facilement qu'avec des chevaux: les tournants ne pourront jamais être une cause de versement. L'étendue d'un convoi sera de 12 à 13 mètres. Quelques voitures de roulage ont jusqu'à 20 mètres de la tête des chevaux au derrière de la voiture : nos convois pourront donc passer partout où passent ces voitures.

Heureusement que les *verglas* n'ont lieu généralement qu'une ou deux fois par hiver, et qu'ils ne sont pas de longue durée. Mais aussi la difficulté est extrême : d'une part, les pauvres animaux ne peuvent pas se tenir debout eux-mêmes, quoiqu'ils aient été ferrés à glace; les clous et les crampons sont promptement usés; et comment peuvent-ils retenir la voiture lorsqu'ils ne peuvent s'empêcher de glisser? La convexité des routes augmente les dangers, le derrière de la voiture veut aller plus vite que le devant par le défaut de frottement, la voiture se place en travers de la route et, dans une descente, l'équilibre est rompu; alors le versement devient inévitable, si le postillon ne sait y remédier par son adresse.

Les voitures à vapeur sur routes en béton seront exemptes des dangers que nous venons de signaler, occasionnés par les chevaux dans les pentes, en restituant le frottement qui manque entre les roues et le béton, en enveloppant, pour le moment, le pourtour des jantes avec une bande ou courroie en cuir, facile à mettre et à ôter.

3.º *Dans les voitures.*

La voie des voitures où l'écartement des roues n'a pas été assez grand jusqu'à présent. Les ornières profondes des anciennes routes, avaient jadis obligé les constructeurs à donner la même largeur à toutes les voitures, et leur ignorance les a fait persévérer dans cet usage, lors même que l'état de nos routes a permis de plus larges voies; ils ont été jusqu'à incliner les fusées d'essieu vers le sol, afin de donner plus de largeur à la caisse sans élargir la voie. Ne dirait-on pas qu'on a voulu les rendre plus versables? cette construction oblique n'est-elle pas défectueuse et contraire aux principes de la mécanique?

Les diligences présentent déjà sous ce rapport un double perfectionnement, plus de largeur dans la voie et une construction raisonnée. Dans toutes ces voitures le centre de gravité est beaucoup trop élevé au-dessus de l'essieu. Ces voies étroites et cette élévation du centre de gravité, concourent avec la convexité et les fortes aspérités de la route pour faire plus facilement verser les voitures.

La voie de nos locomotives et de nos wagons sera plus large, les roues seront perpendiculaires à l'essieu, et le centre de gravité sera beaucoup plus bas, condition très-facile à remplir, puisque notre route sera toujours unie. Avec ces perfectionnements il est difficile de concevoir la possibilité de verser.

4.° *Dans les moteurs.*

La force motrice employée pour traîner les voitures est encore celle des bêtes de trait et principalement celle des chevaux. Mais on sait que, pour être à l'abri du danger de verser, il faut d'abord que les conducteurs soient habiles et exercés, ensuite, que les chevaux soient bien dressés, qu'ils ne soient ni ombrageux ni vicieux. On sait que, si seulement l'un d'entre eux s'effarouche, il communique sa frayeur aux autres; que plus il y aura de chevaux, plus il y aura de danger, et qu'il n'est au pouvoir de personne de les empêcher de se jeter dans les terres, les fossés, les précipices, etc. Voilà donc une série de dangers résultant de l'emploi de la force animée dans les transports : ces dangers, qui existent toujours, deviennent bien plus grands dans les descentes, où une partie des animaux devient inutile, et l'autre insuffisante pour retenir la voiture entraînée par son propre poids.

Au contraire, la force inanimée obéit en tout point à celui qui la gouverne : il peut en modifier à son gré l'intensité et la direction, l'augmenter, la diminuer et même la supprimer complétement. Tout ce qui peut être fait et exécuté par la mécanique, est plus précis que ce qui est fait par la force animée. Tout homme pourra, avec la même intelligence et sans apprentissage, diriger une voiture à vapeur, et ce pilote pourra être surveillé et suppléé dans les locomotives par le patron de la voiture, qui se trouvera à côté de lui. Nous ne serons donc plus exposés aux changements continuels de ces grossiers postillons, qui souvent mettent en danger la vie des voyageurs par leur intempérance. Et, soit dit ici en passant, la moralité des voituriers y gagnera; ils perdront cette brutalité qu'ils contractent par l'habitude de battre impitoyablement les animaux confiés à leurs soins, et par l'état de colère où ils se mettent si souvent.

En résumé, par notre système nous remédions aux dangers résultant : 1.° de la convexité, des aspérités des anciennes routes et des tas de pierres qui s'y trouvent; 2.° des montées, des descentes, des tournants et du verglas; 3.° de la mauvaise construction des anciennes voitures; 4.° de la difficulté de bien diriger la force animée et volontaire des chevaux, de la maladresse et de l'inconduite de ceux qui les conduisent.

Économie.

Les dépenses pour le transport par les animaux sur les routes ordinaires, se composent des rentes du capital employé, des gages des servants et des loyers d'écuries. Ces dépenses sont constamment les mêmes, que les animaux travaillent ou ne travaillent pas. Avec les locomotives il n'y a de dépense dans l'inaction que les rentes du matériel; la plus forte dépense n'a lieu que pendant le travail. Les chevaux sont exposés aux accidents, aux maladies : une jambe cassée, l'animal est perdu; une machine cassée, on peut la réparer, et lorsqu'elle est usée on peut encore en retirer une certaine valeur. Un cheval ne peut travailler que dix heures par vingt-quatre heures; une machine peut travailler pendant les vingt-quatre heures entières. On peut accumuler telle force qu'on veut avec des machines, et cette force est toujours la même, positive et réelle. Les chevaux ne peuvent pas être réunis en grand nombre, ni aux voitures, ni aux manéges;

plus la réunion est grande, moins il y a de travail produit proportionnellement par cheval. J'en citerai un exemple frappant.

M. Schwilgué, ingénieur très-distingué, a déduit d'observations faites par lui sur le roulage, pendant un an, de Paris au Hâvre, des résultats curieux. La comparaison de la charge moyenne de chaque cheval, dans les attelages composés d'un à huit chevaux, lui a donné le tableau suivant.

Attelages.	Charges moyennes y compris la voiture.	
1 Cheval.	1441	kilogrammes.
2 Chevaux	1438	—
3 —	1311	—
4 —	1275	—
5 —	1085	—
6 —	907	—
7 —	780	—
8 —	685	—

Il résulte de ce tableau, que la charge traînée par cheval diminue progressivement à mesure que le nombre augmente. Le travail de huit chevaux attelés isolément, est égal à 11,258 kilogrammes, et celui de huit chevaux réunis ne se monte qu'à 5480 kilogr.; la différence est de 5778 kilogr., plus que moitié en sus. Si on déduit le poids de la voiture et estimant à 400 kilogr. la voiture à un cheval, et à 1600 kilogr. le poids de la voiture à huit chevaux, ou de 200 kilogr. au lieu de 400, dans le cas d'un attelage à un cheval, ce qui fait seulement la moitié, nous trouverons néanmoins qu'un cheval appartenant à un attelage de huit chevaux, ne peut transporter que 460 kilogr. de marchandises; tandis que le cheval, attelé seul, transporte 1041 kilogr. Le travail des chevaux réunis n'est donc pas proportionnel à la dépense; ce qui prouve l'absurdité de ces voitures monstrueuses de notre roulage, qui, en détruisant nos routes, causent la ruine des rouliers eux-mêmes. Le fait, quelque évident qu'il soit, ne saurait être compris par ceux qui en sont victimes. Tel est le résultat de l'ignorance. Les locomotives auront en outre ce grand avantage sur les voitures traînées par les chevaux, que la force sera réelle, que la dépense sera proportionnelle au travail, et la charge transportée par quatre chevaux sera égale au travail de neuf chevaux de trait réunis.

Nous prouverons par chiffres, dans le devis, page 65, l'économie du transport ou des frais de halage pour les locomotives sur les routes en béton.

Vitesse.

Si en Angleterre on a fait six lieues en pays montueux, et huit en plaine, par heure, sur les routes ordinaires, à plus forte raison il nous sera encore plus facile de les faire sur une route dure et unie. Nous pensons qu'une vitesse de cinq à six lieues sera suffisante, et qu'on sera très-heureux de voyager avec une célérité inaccoutumée.

Agrément.

Peut-on trouver quelque chose de plus agréable, que de se sentir transporté d'un lieu à un autre avec vitesse, sécurité, sans secousses, sans poussière, logé à son aise dans des voitures plus commodes, plus spacieuses que nos diligences et nos malle-postes actuelles, qui pourront être chauffées pendant les froids, et, avant tout, à bon marché. Un trajet de soixante lieues pourra être fait entre six heures du matin et six heures du soir. Le voyage sera désormais un délice.

DES ROUTES EN GÉNÉRAL.

Des routes ordinaires.

Le transport sur routes ordinaires avec bêtes de trait, est depuis quelques années au plus bas prix possible; il est, terme moyen, en France, de 8 à 10 centimes le quintal métrique par lieue. Si on fait tous les calculs, on trouvera que les voituriers ont très-peu de bénéfice. Dans l'état actuel des choses, il n'y a d'amélioration à attendre qu'autant que les routes seront meilleures, qu'on adoucira les montées, et qu'une loi sur le roulage obligera toutes les voitures d'avoir des jantes encore plus larges, et ne permettra pas qu'elles soient attelées de plus de deux chevaux.

Des chemins de fer.

L'expérience a déjà fait connaître que l'emploi des locomotives sur chemins de fer était préférable aux voitures traînées par les chevaux, et aux machines fixes, pour surmonter les plans inclinés, comme présentant plus de célérité et de sécurité, principalement pour les grandes lignes qui reçoivent beaucoup de voyageurs et de marchandises de nature à exiger un transport rapide.

Mais le choix des locomotives assujettit l'établissement des chemins de fer à deux conditions principales et indispensables : l'une, que le tracé soit dirigé en ligne droite, ou composé d'alignements droits, aussi prolongés que possible, et raccordés entre eux par des courbes d'un très-grand rayon; l'autre, que la route soit horizontale, ou du moins que ses rampes ou pentes soient extrêmement faibles. Ces conditions constituent les principales difficultés que l'on rencontre dans le tracé des chemins de fer; elles en rendent toujours l'exécution très-dispendieuse et souvent même impraticable. Ce tracé porte la lieue à 800,000 francs, d'après les études faites par l'administration.

On a cru que la loi sur l'expropriation forcée diminuerait les frais, et que si on laissait entrer les rails en franchise, on obtiendrait une construction moins chère. Ces diminutions sont des bagatelles, comparées au prix total. Et d'ailleurs, lorsque les étrangers sauront qu'il nous faut beaucoup de rails, ils en élèveront les prix : ce qui arrive déjà. Les fabricants de Newcastle ont élevé les prix presque au même taux qu'en France, et ceci est annoncé par une lettre écrite d'Angleterre, du 23 janvier 1836[1], par suite des nombreuses commandes. Et d'ailleurs, le tracé de rigueur, les terrassements et les travaux d'art font la majeure partie de la dépense. La loi sur l'expropriation forcée doit économiser beaucoup de temps, mais tout au plus un p.^{r} 100 de la dépense totale. Les rails, de leur côté, ne font que la dixième partie de la dépense, et quand même on aurait obtenu un rabais de dix p.^{r} 100 sur l'entrée, ce qui était peu probable, cela n'aurait donc fait qu'un centième ou un p.^{r} 100 d'économie sur les rails, plus un p.^{r} 100 sur l'expropriation; en somme deux p.^{r} 100. Il n'y a donc pas d'espoir d'une diminution notable avec ce système.

Si la lieue de chemin de fer à deux voies coûte 800,000 francs, quel doit être le péage pour retirer cinq p.^{r} 100 d'intérêt par an, en nous basant sur un tonnage de deux cents tonnes par jour? Nous

---

1 Journal de l'industriel et du capitaliste, janvier 1836.

sommes en droit de conclure qu'il y a peu de routes qui soient même aussi riches; car le mouvement commercial entre Paris et Strasbourg n'est que de soixante-trois tonnes par jour (je tiens ce chiffre d'une autorité compétente), et, admettant une pareille quantité pour le tonnage intermédiaire, nous aurions seulement cent vingt-six tonnes. Le nombre de voyageurs est dans ce moment d'environ trente-six dans les deux directions, qui produisent un revenu de l'équivalent de dix-huit tonnes, le total n'est donc que de cent quarante-quatre, soit cent cinquante; mais sans rien préjuger sur l'avenir : la prudence veut qu'en spéculation on ne compte que sur le positif. Si on en juge par analogie, on verra qu'il y a peu de routes qui aient un mouvement de deux cents tonnes.

Quelles seront les recettes et les dépenses d'une année, en se basant sur deux cents tonnes, et pour une ligne de cent lieues?

Un chemin de fer de cent lieues coûtera quatre-vingts millions; les frais de réparation, d'entretien et d'administration estimés à 2 p.^{r} 100 du capital, ajoutés aux 5 p.^{r} 100 pour les actionnaires, nous donnent 7 p.^{r} 100, et pour 80,000,000 de francs, 5,600,000 francs en dépenses annuelles.

Deux cents tonnes par jour font 73,000 par an, transportées à 100 lieues, ou bien 7,300,000 transportées à une lieue, qui coûtent 5,600,000 francs, ce qui fait $0^f,78$ par tonne par lieue, ou enfin $0^f,078$ par quintal métrique par lieue, non compris les frais de halage, qui se montent à $0^f,004$, ensemble $0^f,082$.

Nous avons dit plus haut que le prix moyen du roulage en France était de $0^f,08$ à $0^f,10$ par quintal métrique par lieue; il n'y a pour ainsi dire aucun rabais. Pour pouvoir porter le péage à $0^f,05$, il faudrait un mouvement de trois cents tonnes, les rentes à 5 p.^{r} 100. Les chemins de fer ne procurent donc que la vitesse et pas le bon marché.

L'Angleterre même, où le mouvement commercial est quatre fois plus grand que sur les continents, où les grandes villes, les grands foyers de production sont très-rapprochés l'un de l'autre, où le fer est à très-bon marché, où le pays est peu accidenté et présente peu d'obstacles, et où par conséquent les chemins de fer devraient être plus profitables que partout ailleurs; l'Angleterre, qui semblait être faite exprès pour les chemins de fer, prouve aujourd'hui jusqu'à l'évidence la vérité de ce que nous avançons. En effet, nous trouvons dans le Journal de l'industriel et du capitaliste du mois de janvier 1836, page 71, un tableau du prix des actions des principaux chemins de fer d'Angleterre à la fin de Janvier 1834, qui démontre que, malgré tous ces avantages, les chemins de fer y sont encore une duperie : que seront-ils donc dans tout autre pays ? Voici ce tableau.

CHEMINS.	Nombre d'actions.	Valeur primitive des actions	Prix actuels	En gain.	En perte.
De Canterbury et Whistable. . .	100	100	=	=	douteux.
Clarence et Durham.	1,000	100	5o	=	5o
Cromford et Peakforest	1,600	100	=	=	douteux.
Dublin et Kingstown	=	6o	108	48	=
Durham Junction.	8oo	100	120	20	=
Forcs de Dean.	2,5oo	5o	28	=	22
Grande jonction (Birmingham et Liverpool).	12,000	5o	83	33	=
Great Western (Bristol)	25,000	5o	11.5	=	38.5
Greenwich et Croydon.	=	20	$^6/_8$	=	7
Hartelepool.	2,9oo	100	8o	=	20
Kenyon et Leig.	25o	100	118	18	=
Léeds et Selby	2,100	100	115	15	=
Leicester et Swannington. . . .	1,5oo	5o	44	=	6
Londres et Greenwich.	20,000	20	28	8	=
Londres et Birmingham.	25,000	100	92	=	8
Londres et Southampthon	20,000	5o	12	=	38
Liverpool et Manchester.	5,000	100	215	115	=
Manchester et Oldam	1,000	100	=	=	douteux.
Preston et Weyre.	2,600	5o	1	=	49
Stœkton et Darlington.	2,600	100	240	140	=

On remarque sur vingt chemins compris dans la liste précédente, que huit donnent des bénéfices, que trois sont douteux et neuf en perte; les douteux peuvent être classés avec les neuf: ainsi ce serait douze en perte.

Voilà une évidence que personne ne pourra contester. (V. la note, pag. 73).

Des routes en béton.

Les routes en béton pourront être classées en deux espèces; l'une sur terrain acheté, comme les chemins de fer et les canaux, l'autre appliquée sur les routes actuelles.

1.° *Des routes en béton construites sur terrain acheté.*

Les calculs seront basés sur une ligne de cent lieues, comme plus haut; sur les chemins de fer on ne peut se permettre que des pentes très-douces: il faut, à tout prix, maintenir le tracé dans des inclinaisons au-dessous de $0^m,0045$ par mètre. S'il se présente une inflexion à franchir et qu'elle ne soit pas trop élevée, on dompte l'obstacle par des déblais ou des remblais pris de loin, afin de surmonter encore une des pentes ordinaires, ce qui entraîne toujours à des dépenses considérables de terrassements et de travaux d'art. Si l'obstacle est trop élevé, mais peu profond, on fait usage de souterrains, qui occasionnent des frais encore plus considérables; enfin, s'il est trop élevé et trop profond, on cherche à le détourner par des circuits plus ou moins longs, qui augmentent la ligne du chemin et le nombre des tournants, et par conséquent la dépense, les dangers et les obstacles.

Notre système permet de multiplier, d'établir sans frais, sans dangers, les inclinaisons jusqu'à $0^m,07$ par mètre sur les routes actuelles et non corrigées; mais pour le cas d'une route neuve, on pourra ne pas dépasser $0^m,03$ par mètre. De cette manière on épargnera la plupart des grands terrassements et des travaux d'art qu'exigent les chemins de fer.

L'application de ce procédé produira certainement des économies considérables; les ponts seront moins nombreux, et ceux à faire pourront être aussi construits en béton, dont la dépense ne sera pas le quart de ceux en pierres de taille. Les chemins qui doivent nous croiser n'occasionnent ni obstacle ni dépense dans notre système, tandis que, dans le système des chemins de fer, ils occasionnent l'un et l'autre, puisqu'il faut une construction spéciale et déjà coûteuse, même lorsque les rails se trouvent au même niveau que le chemin croisant. La dépense devient considérable lorsqu'il y a une grande différence de niveau : si le chemin croisant est au-dessus, il lui faut un pont; s'il est au-dessous, il lui faut une voute en maçonnerie. Nous, nous sommes exempts de tous ces embarras, nous sommes persuadé que nous n'exagérons pas en appréciant leur diminution de 50 p.^{r} 100 des dépenses actuelles.

Les ingénieurs portent le prix des terrassements et travaux d'art pour les chemins de fer, dont les pentes ne sont pas au-dessus de $0^m,0045$ par mètre, à 60 francs.

Pour nous, les pentes, pouvant aller jusqu'à $0^m,03$, ne nous donnent pour terrassements et travaux d'art, par mètre linéaire, que . .   30[f]

Achat de terrain par mètre de longueur   10

Couverture en béton, une voie de $2^m,2$ de largeur sur $0^m,25$ d'épaisseur [1], donne $0^m,55$ cube de béton, à 15[f] le mètre cube $= 8^f,25$ par mètre de longueur par voie, pour trois voies, soit   25

Pour la conduite des travaux, à 5 p.[r] 100 des dépenses ci-dessus.   3

____

Le prix d'un mètre linéaire à trois voies est de . . . .   68[f]

____

La lieue de 4000 mètres à deux voies coûterait 244,000 francs; à trois voies 272,000 francs, le

____

1 Nous sommes convaincu qu'une épaisseur de 20 à 25 centimètres sera suffisante. Sans le vouloir, les angles du massif en béton, servant d'essai, se sont trouvés aigus au lieu d'être obtus, comme nous le proposons, parce que l'excavation faite pour recevoir cette couche en béton a été faite en talus, ce qui évidemment produit des angles aigus qui portaient à faux, et cependant un grand nombre de voitures avaient heurté ces angles perpendiculairement, aucune rupture n'a eu lieu; l'épaisseur n'est que de 30 centimètres.

tiers d'un chemin de fer et la moitié d'un canal. Pour cent lieues 27,200,000 francs.

Les frais de réparation, d'entretien et d'administration doivent être bien moindres que sur chemins de fer, où on les estime à 2 p.^{r} 100; nous les compterons également au même taux, qui, ajoutés aux 5 p.^{r} 100 pour les actionnaires, donnent 7 p.^{r} 100; à ce prix 27,200,000 francs donnent une dépense annuelle de 1,904,000 francs, qui, divisés par 7,300,000 tonnes transportées à une lieue, font 0^f,26 par tonne par lieue, et ajoutant le prix de halage sur béton, qui, comme nous le prouverons à la fin par un devis, est de 0^f,009 par quintal métrique par lieue, nous aurons 0^f,035, le tiers du prix des chemins de fer, et avec les mêmes rentes et les mêmes vitesses.

Nous ajouterons encore une observation : les zones de béton reposant sur un remblai présenteront une résistance à l'enfoncement vingt fois plus grande que les dés sur lesquels reposent les rails, parce que d'une part l'épaisseur des remblais sera bien moindre que pour les chemins de fer; de l'autre, la surface des zones est quatorze fois plus grande que celle des dés. Aussi l'entretien de la solidité des dés est-il pour les chemins de fer l'objet d'une grande dépense que nous évitons dans notre système.

2.° *Des bandes de béton construites sur les anciennes routes.*

Notre plus grand désir étant de rendre les frais de transport au plus bas prix possible, nous avons d'abord cherché à utiliser les routes actuelles : 1.° pour ne pas enlever à l'agriculture de nouveaux terrains, nécessaires aux nouvelles voies, et par conséquent ne pas diminuer les produits du sol, qui sont toujours de la première importance; 2.° pour ne pas annuler une valeur d'environ quatre milliards; valeur, à laquelle on peut porter, sans exagération, le terrain occupé par les routes actuelles et les ouvrages d'art rendus inutiles par les nouvelles voies; 3.° pour ne pas compromettre les intérêts des villes, des villages et d'une foule d'établissements existant sur les voies actuelles; intérêts gravement lésés par les chemins de fer qui, d'un bout de la ligne à l'autre, sont constamment au milieu des forêts, des terres, des marécages et des souterrains.

Les routes en France sont généralement très-larges, ce qu'on leur reproche aujourd'hui, parce qu'on croit que cette grande largeur augmente les frais d'entretien, et parce qu'en Angleterre et en Allemagne elles sont plus étroites et en meilleur état. Nous croyons que si on faisait les mêmes frais et qu'on y apportât les mêmes soins, les nôtres seraient aussi bonnes. Nous sommes heureux, au contraire, de les trouver larges, pour éprouver moins de difficultés, et pouvoir commencer notre perfectionnement plus aisément en nous servant d'une portion presque inutile et en laissant libre la voie actuelle. Nous ne gênerons nullement la circulation avec les bêtes de trait.

La largeur des routes se divise en deux parties : l'une, le milieu, que l'on appelle empierrement, dont la largeur est de six mètres; l'autre, les accottements, un de chaque côté de la voie, couverts en grande partie par les matériaux destinés à l'entretien. Les accottements des routes de deuxième classe ont encore cinq mètres de largeur, et la largeur d'une zone de béton est de $2^m,2$. On peut faire, d'un côté, deux zones ou voies, qui auront ensemble $4^m,4$. Dans le cas où l'on voudrait faire trois voies du premier jet, la troisième zone sera de l'autre côté. La plus grande largeur des diligences du dehors en dehors des roues est de $1^m,80$; il restera 20 centimètres en dehors des roues, de sorte qu'on ne sera pas forcé de passer toujours à la même place. Ces zones ou voies seront incrustées dans la route; de manière que le plan supérieur du béton coïncide avec le plan de la route. Elles seront horizontales dans le sens de la largeur, car nous n'avons pas besoin de la convexité, nous ne craignons pas que les eaux séjournent dessus, elles ne peuvent y causer le moindre mal; les routes auront d'ailleurs une pente dans le sens de la longueur, pour se conformer aux ondulations du terrain. La coïncidence des plans est pour éviter les dégradations et les obstacles que présenteraient une saillie ou un enfoncement, ainsi que pour faciliter le croisement des autres chemins. Nous voulons en outre que l'on puisse se placer sur les bandes et en sortir sans difficulté. Pour augmenter cette facilité, et pour atténuer les dégradations, nous proposons de donner à la section de la zone une forme trapézoïdale, afin que les angles de la face supérieure soient obtus.

Cela posé, nous concevons des bandes tracées sur les routes, ne gênant en rien les usages ordinaires; toute espèce de voiture pourra les parcourir, les traverser sans obstacle et sans nuire. Ces zones seront toujours dures et unies comme une seule pierre; les intempéries n'y produiront aucun changement; ces voies procureront un transport très-doux, sans boue ni poussière, elles seront également très-agréables aux piétons.

Nous avons établi le prix du péage sur une route neuve en béton. Ici, la seule dépense à faire, sera de recouvrir seulement la route; il n'y aura pas d'ouvrages d'art, ni terrassements. Le prix de la lieue de 4000 mètres, à deux voies, est de 72,000 francs, et à trois voies de 108,000, et de 10,800,000 francs pour une ligne de 100 lieues. Comme plus haut, la dépense annuelle sera de 7 p.ᵣ 100, pour rentes, entretien et administration, nous donnant 756,000 francs par an, non compris l'entretien des ouvrages d'art actuels, qui, divisés par 7,300,000 tonnes, transportées à une lieue, dans un an, font $0^f,10$ par tonne par lieue, ou $0^f,010$ par quintal métrique par lieue, pour le péage; plus $0^f,009$ pour le halage, en tout $0^f,019$ par quintal métrique par lieue.

3.° *Nature du béton.*

Le béton est un mortier hydraulique, mélangé ou de gravier, ou de cailloux ou de rocailles.

Le mortier hydraulique durcit dans l'eau, c'est pourquoi on lui donne ce nom; il se fait ordinairement avec de la chaux hydraulique naturelle et du sable. Les constructeurs classent les chaux en deux espèces, en chaux grasse et chaux maigre (nom vulgaire des maçons, qui veut dire hydraulique). Lorsqu'on ne possède que des chaux grasses, et qu'un long transport rendrait la chaux hydraulique trop coûteuse, on peut également faire un mortier hydraulique avec des chaux hydrauliques factices et avec des chaux grasses, en les combinant avec des ciments naturels, tels que pouzzolanes, trass, etc.; ou artificiels, tels que briques, tuiles, réduites en poudre. Comme ce n'est pas le but de cet ouvrage de traiter de la confection des mortiers, notre intention est de prouver sommairement en passant, que le béton peut être fait dans toutes les localités. Nous renvoyons aux traités spéciaux de Vicat, Treussard, Lebrun, etc., ainsi qu'à la Méthode de faire des pierres factices. Il est entendu que les prix varieront. Nous croyons avoir donné le prix moyen en France, d'après l'avis des ingénieurs.

Nous allons répondre à quelques objections qui nous ont été faites.

4.° *De la durée du béton.*

Un essai a été fait au mois de mars 1834 : nous avons déjà une expérience de deux étés et de deux hivers. Six jours après qu'il fut mis en place, nous fîmes passer dessus une voiture très-lourde; les roues firent des ornières de deux millimètres de profondeur; les chevaux firent quelques éclats, et c'est encore les seules dégradations visibles jusqu'aujourd'hui. Cet échantillon fut placé à dessein à l'entrée d'un grand atelier de tailleur de pierres, et les voitures qui transportaient les pierres, étaient obligées de le traverser. La forme des roues de ces voitures était des plus désavantageuse, en ce qu'elles sont à bandes arrondies, larges seulement de six centimètres, et fixées avec des clous, de sorte qu'il y avait tout au plus trois centimètres de surface de contact. Nous le fîmes recouvrir de planches après avoir effacé les ornières. Un mois après nous l'essayâmes de nouveau ; déjà les pieds des chevaux n'y laissaient plus de traces et les roues plus d'ornières ; mais les cailloux n'étaient point encore assez affermis dans leurs alvéoles, le mortier n'avait pas encore une dureté suffisante. Quelques personnes craignent que le choc des roues n'ébranle ou n'arrache les pierres ou cailloux de leur enveloppe ; il nous sera facile de leur montrer qu'elles sont dans l'erreur.

Deux mois après, nous découvrîmes de nouveau notre essai et nous laissâmes traverser les voitures ; alors plus aucune dégradation ne s'est montrée, la masse est restée ferme et unie sans être glissante ; car les chevaux prennent pied suffisamment. Depuis ce temps les voitures ont continué à passer dessus ; plus de deux cents chariots agricoles, pesant environ quatre tonnes, l'ont traversé dans l'espace de deux mois.

On estime que les dégradations causées aux routes par les pieds des chevaux sont plus grandes que celles causées par les roues. Si ce genre de dégradation est mis de côté par l'emploi des locomotives, si les jantes sont bien cylindriques, et si on leur donne 24 centimètres de largeur, la surface de contact sera alors huit fois plus grande que les roues qui ont passé sur l'essai dont nous avons donné la description plus haut ; par suite l'enfoncement sera huit fois moindre ; ces deux améliorations étant combinées, la largeur des jantes huit fois plus grande, et l'emploi des locomotives au lieu de chevaux qui doublent les dégradations, elles doivent être au moins seize fois plus petites que celles que nous avons eues. Si donc, au bout de deux mois, avec des voitures d'une construction vicieuse, fortement chargées et traînées par des chevaux, nous n'avons pas eu de dégâts; si d'un autre côté il est admis par tous les constructeurs qui ont employé le béton, que sa dureté va en augmentant pendant les premières années sans diminuer ensuite, il est évident qu'avec les améliorations que nous proposons les dégradations seront nulles.

En effet, de quelle nature pourront être ces dégradations, puisque l'expérience nous a prouvé que les roues ne peuvent pas faire d'ornières, et que les cailloux ou pierres concassées ne sont ni ébranlés ni arrachés par le choc des voitures? La masse est tellement compacte et homogène, que tous les efforts de la main ne peuvent faire entrer une pointe d'acier dans les interstices des pierres. Si l'on présente un caillou du Rhin à dessein devant les roues d'une voiture en mouvement, il est écrasé et réduit en fragments et sans qu'il ait produit la plus petite dépression, ni qu'une seule parcelle ait pénétré dans le béton. Nous pouvons prouver cela sur les lieux. Ainsi les craintes conçues par quelques personnes, que le choc des voitures détruirait ou désunirait les parties ou ébranlerait les pierres dans leurs alvéoles, sont chimériques.

De quelle nature sera le dépérissement? Voici d'une part comme nous le concevons : les petites aspérités seront écrasées par les roues; elles pourront alors produire une petite poussière qui sera emportée par le vent ou autrement, et successivement l'épaisseur primitive se réduira à une épaisseur telle, que la zone ne pourra plus supporter un fardeau sans se rompre. Mais nous sommes convaincu qu'il faudra au moins un siècle pour que cela arrive. Voici une autre dégradation, qui nous semble plus probable. Peut-être que la surface unie du béton pourrait, par la suite, perdre son poli; par suite de cela la puissance devrait être augmentée, et les machines s'useraient plus vite à cause de l'augmentation du frottement; et si cette augmentation devenait à la longue trop sensible, ce que nous ne pensons pas, on y remédierait en appliquant une nouvelle couche de béton sur l'ancienne, beaucoup moins épaisse que la première [1]; s'il est question d'une route très-fréquentée,

---

1 Dans ce cas nous recommandons de recouvrir la partie réparée de terre ou de sable pour deux raisons : la première est pour empêcher une dessiccation trop prompte qui peut nuire à la solidité; la seconde est pour empêcher les voitures de passer dessus.

par conséquent riche en revenus, on fera bien de construire de prime abord une troisième zone ou voie, qui ne sera que provisionnelle. Nous avons encore un autre moyen de retarder les dégradations. Les roues n'étant pas astreintes, comme sur les chemins de fer, à passer constamment à la même place, comme nous l'avons déjà dit, elles peuvent, à volonté, et même sans le faire exprès, passer tantôt à droite, tantôt à gauche. D'ailleurs il ne faut plus se figurer les voitures monstrueuses de nos rouliers.

Comme c'est une application nouvelle, nous rappellerons cependant quelques cas où le béton est déjà employé si avantageusement, et si seulement nous jugeons par analogie, on comprendra de suite qu'il doit être efficace dans cette nouvelle application; c'est ainsi que nous avons été conduit à tenter cet essai.

Tous les ingénieurs, architectes et constructeurs savent très-bien que le mortier hydraulique est employé contre les infiltrations en général, à la construction des caves, des citernes, des conduits d'eau, des souterrains, des écluses, des radiers, des batardeaux, des ponts, des voûtes et des maisons en entier. [1]

Ils savent très-bien que dans ces diverses cons-

---

1 Voyez le Traité sur l'emploi du béton, par Lebrun.

tructions le béton peut être dans l'eau, hors de l'eau, ou alternativement dans l'eau et hors de l'eau, sans subir aucune dégradation.

Ils savent très-bien que dans ces trois états il durcit; qu'une fois dur, il ne se ramollit jamais; qu'au contraire sa dureté va toujours croissant, et qu'il peut traverser des siècles sans changer de nature ni d'aspect.

Ils savent très-bien qu'il est incompressible, qu'on peut exécuter en béton des fondations de piles de ponts, ayant quelques mètres de profondeur, et que huit jours après on peut poser la maçonnerie, et par là des poids immenses, sans avoir à craindre la moindre dépression.

Enfin, ils savent très-bien qu'il n'est pas *gélif* comme certaines pierres qui absorbent l'eau, et qui fendent dans les gelées par suite de la dilatation de l'eau.

J'ai fait aussi des expériences à cet égard. J'ai placé sur une fondation en béton ayant un mètre de profondeur, faite depuis six jours, une bande de roue en fer, qui touchait le béton sur une longueur de $0^m,15$, et sur une largeur de $0^m,09$; je l'ai chargée d'un poids de 1000 kilogrammes; deux jours après, il n'y a eu qu'un centimètre d'enfoncement. Cette opération a été répétée le neuvième jour, le poids ayant séjourné pendant cinq jours, l'enfoncement n'était plus que de cinq millimètres.

Une troisième opération eut lieu au bout de douze jours, le poids a reposé dessus cinq jours; l'enfoncement n'était que de deux millimètres. Quelques jours après il n'y eut plus de dépression.

Pour la seconde expérience j'ai placé quatre canons de 24, pesant ensemble 11,000 kilogr., sur une fondation de $0^m,5$ de largeur et profondeur, faite depuis quatre jours seulement; deux pièces se touchaient à côté l'une de l'autre, les deux autres par dessus les premières, alors un poids de 5500 kilogr. reposait sur une arête de cylindre de $0^m,5$ de longueur. Ces canons ont séjourné pendant deux mois; ils n'ont produit ni rupture ni dépression, et ils devaient produire l'effet d'un poids appliqué au milieu d'un prisme qui repose sur terre.

Dans quelques contrées en France on fait avec du béton des tuyaux de fontaines, des auges pour abreuvoirs, des pierres factices pour la construction des maisons, des passages, des allées, des cours de maison[1]. Des écuries pour chevaux ont été bétonnés depuis cinq ou six ans, et tout est encore dans le même état. M. le colonel, directeur du Génie, fit en 1818 à Strasbourg, dans les rez-de-chaussées de deux casernes, bétonner plusieurs chambres, où habitent constamment douze ou quinze hommes avec de rudes chaussures, où l'on

---

1 Voy. Fleuret, *Traité sur l'art de faire les pierres factices.*

verse fréquemment de l'eau, où même souvent (et notez bien ceci) on fend du bois; et cependant on ne peut encore prévoir dans combien d'années elles auront besoin de réparations, tandis qu'il faut réparer les pavés en briques tous les six mois.

Tout ce qui précède prouve donc que le béton est *incompressible* et *imperméable* au plus haut degré et d'une durée presque indéfinie.

DES RÉPARATIONS.

Nous savons cependant que dans ce monde rien ne dure éternellement; admettons donc des réparations à une époque qui nous paraît très-éloignée, que nous ne pouvons pas encore préciser. Notre opinion est, que les réparations ne pourront se faire par petites portions, qu'il faut que le béton, qui sera placé sur l'ancien, ait une certaine dimension en épaisseur, longueur et largeur, et qu'il faut environ deux mois pour qu'il ait acquis assez de dureté. C'est pour ce motif que nous proposons trois voies pour les routes très-fréquentées, pour faciliter les réparations.

On nous a observé que les réparations des chemins de fer peuvent être faites promptement. Ici la promptitude est indispensable; puisqu'un chemin de fer n'ayant que deux voies sur les routes les plus riches, et les voitures ne pouvant se détourner de ces voies, la moindre dégradation entraîne une interruption dans le service, et par suite un grand préjudice à l'entreprise.

Nous avons vu plus haut, que le prix de trois voies est trop élevé pour qu'on puisse les établir ; tandis que nous pouvons avoir une voie supplémentaire, et malgré cela le bon marché du transport ; ensuite nous pouvons sortir de la voie et y rentrer à volonté.

D'ailleurs, s'il y a facilité de réparer promptement le chemin de fer, il y a aussi plus de facilité à le dégrader. Pour nous, au contraire, les dégradations résultant de la malveillance sont presque impossibles, à cause de la difficulté de les effectuer ; et quand même cela pourrait arriver, ce qui n'est guère probable, elles ne causeraient aucun embarras, ni aucun accident, puisqu'on peut s'en détourner. Une grande ligne de chemin de fer est, presque d'un bout à l'autre, isolée des habitations et sans gardiens. La malveillance peut facilement, pendant les grandes nuits d'hiver, démonter et emporter un grand nombre de rails ; ne fût-ce qu'un seul, il pourrait en résulter de grands malheurs. Et en outre, quoique les apparences soient pour une paix profonde, il pourrait cependant arriver une guerre plus tard ; il serait facile à un parti ennemi d'interrompre les lignes, de causer de grands embarras : et nous, nous n'avons pas cela à craindre.

4

De l'emploi des bêtes de trait sur les routes en béton.

D'après les expériences que nous avons faites, nous sommes convaincu que les chevaux prennent parfaitement pied sur le béton, et sans le dégrader. Ces deux qualités sont importantes et nous étaient nécessaires : si le contraire avait eu lieu, nous aurions rencontré beaucoup de difficultés et d'embarras; car, pour ne pas troubler le public dans ses habitudes, et pour ne pas exciter des murmures, nous aurions été forcé d'interrompre les lignes aux passages des villes, des villages et des ponts; par là notre but eût été en partie manqué, ou bien il eût fallu abandonner le projet d'utiliser les parties inutiles de nos routes; nous aurions été obligé de faire des routes neuves, qui coûtent davantage et par conséquent produisent un droit de péage plus élevé dans le rapport de 2 à $3\frac{1}{2}$. A notre grande satisfaction, ces défauts, que nous avions craint nous-même, ainsi que beaucoup de personnes, n'existent pas. L'expérience nous a prouvé que les chevaux marchent sur le béton avec assurance et sans dégradation sensible. Tous les contradicteurs pourront se présenter ici, nous répéterons les expériences devant eux. En conséquence nous avons proposé l'essai du pavage des rues dans une grande ville; un essai sera fait vers la fin de 1836. Nous prétendons que les rues bétonnées jouiront des avantages suivants : 1.° le mètre de surface coûtera un tiers de moins que le pavé ordinaire; 2.° l'effort du tirage ne sera que la moitié de l'effort sur le pavé; 3.° les rigoles pour l'écoulement des eaux seront toujours sèches et propres; l'eau ne pourra plus s'infiltrer ni séjourner, puisque le béton est impénétrable comme imperméable, parce qu'il n'y a plus d'interstices; par suite de cela, les rues et les maisons seront plus saines; 4.° le bruit des voitures ne troublera plus le sommeil des citoyens paisibles, et ne fera plus éprouver des crises fâcheuses aux malades; 5.° les piétons auront l'agrément de marcher sur une surface aussi unie que des dalles; 6.° les rues n'auront plus besoin d'avoir une forme convexe pour l'écoulement des eaux. La pente dans le sens de la longueur sera suffisante pour l'évacuation; elles pourront être presque plates, ce qui les rendra moins dangereuses dans les verglas.

Quand même le problème mécanique des voitures à vapeur n'eût point été résolu, notre nouveau mode de chemin eût été également un grand perfectionnement pour nos routes; il aurait procuré plus de vitesse, plus de sécurité et à meilleur marché; car la dépense pour les chevaux eût pu diminuer de plus de moitié. Dans ce cas nous aurions proposé de faire seulement des ornières ou bandes de béton, ce qui aurait encore diminué le péage de moitié, parce que la construction primitive n'eût coûté que la moitié du prix des voies, comme nous l'avons calculé plus haut. Sur ce chemin un cheval doit pouvoir traîner une charge de quatre chevaux. Je suppose qu'on se fût contenté de la charge de deux chevaux. Un seul cheval serait attelé en limonière dans l'axe de la voiture, il aurait marché sur le terrain naturel entre les deux ornières. C'est ainsi que cela se pratique à Florence sur des dalles, et sur le commercial roade de Londres, où le frottement n'est que de $\frac{1}{100}$. C'est ce que nous proposons pour les routes peu riches et les chemins vicinaux.

Sur la possibilité de surmonter les pentes avec les locomotives sur les routes en béton.

Une voiture a été construite à dessein pour s'assurer jusqu'à quelle inclinaison une locomotive peut gravir une pente avant que les roues tournent sur elles-mêmes sans avancer. Nous avons trouvé que quand le mouvement est communiqué aux roues de la même manière qu'aux locomotives par une manivelle appliquée à l'essieu, qu'elle peut monter jusqu'à une inclinaison de 42 centimètres par mètre, sans remorquer, sur plan en béton et en pierre de taille, et qu'on peut même gravir jusqu'à **21** centimètres sur des barres de fer brutes. L'inclinaison de **42** centimètres est le quadruple de nos plus grandes pentes. On peut être rassuré sur ce point. Mais les pentes demandent une augmentation de force : c'est ce que nous allons examiner.

De la force additionnelle pour surmonter les pentes.

La force nécessaire pour traîner un fardeau sur un plan incliné est de deux genres, puisqu'il y a deux efforts à vaincre; le premier est le frottement horizontal ou celui des roues sur la surface de la route, et qui est en raison inverse de la dureté et du poli de la route; le second est l'effort que l'inclinaison fait naître, et qui, produit par la gravitation, est en raison directe de l'angle d'inclinaison.

Pour la première force on sait que d'après les expériences faites par les ingénieurs des ponts et chaussées, le frottement sur une route ordinaire est de. . . . . $\frac{1}{15}$ de la charge.

Sur un pavé parfaitement uni, de $\frac{1}{70}$ — —

Sur le commercial roade de Lon-

dres, de. . . . . $\frac{1}{100}$ — —

Sur chemin de fer de . . . . $\frac{1}{200}$ — —

Les routes en béton étant plus unies que les pavés, on peut supposer, sans exagération, que ce frottement est moindre que $\frac{1}{76}$ de la charge ou de 13 kilogrammes par tonne.

Pour la seconde force, on sait que, pour pouvoir vaincre les pentes, il faut ajouter un centième du poids à transporter par centième d'inclinaison, quelle que soit la nature de la route.

Ainsi la première force varie selon la nature de la route, et la seconde selon l'inclinaison.

Pour rendre ceci plus sensible et nous faire mieux comprendre, nous allons, dans le tableau suivant, mettre en parallèle trois espèces de chemins.

	Une tonne ou 1000 kilogr. transportés sur chemins										
La première force pour vaincre le frottement est .	de terre ou empierrement au 15.ᵉ de 66 kilo par tonne.				de béton au 76.ᵉ de 13 kilo par tonne.				de fer au 200.ᵉ de 5 kilo par tonne.			
	Force verticale ou additionnelle.	Les deux forces réunies.	Différence en nombre de kilo en plus sur terre que sur béton.	Rapport de la force exigée sur terre à la force exigée sur béton.	Force verticale ou additionnelle.	Les deux forces réunies.	Différence en nombre de kilo en plus sur le béton que sur fer.	Rapport de la force exigée sur béton à la force exigée sur fer.	Force verticale ou additionnelle.	Les deux forces réunies.	Différence en nombre de kilo en plus sur terre que sur fer.	Rapport de la force exigée sur terre à la force exigée sur fer.
	k.	k.	k.		k.	k.	k.		k.	k.	k.	
2.ᵉ force ou force additionnelle pour vaincre les inclinaisons de — 1 cent.ᵉ	10	76	53	3.30	10	23	8	1.46	10	15	61	5.00
2 —	20	86	53	2.60	20	33	8	1.32	20	25	61	3.44
3 —	30	96	53	2.23	30	43	8	1.23	30	35	61	2.71
4 —	40	106	53	2.00	40	53	8	1.18	40	45	61	2.35
5 —	50	116	53	1.84	50	63	8	1.15	50	55	61	2.11
6 —	60	126	53	1.72	60	73	8	1.12	60	65	61	2.00

Ce tableau montre :

1.° Que les voies dures et unies sont toujours les meilleures, en ce qu'elles emploient moins de force dans toutes les inclinaisons;

2.° Que les différences sont constantes quelles que soient les inclinaisons; que sur une route à la Mac-Adam, il faudra dans toutes les inclinaisons un effort de 53 kilogr. par tonne de plus que sur une route en béton, et que sur un chemin de béton il faudra seulement 8 kilogr. de plus que sur chemin de fer;

3.° Qu'horizontalement l'effort exigé sur une route ordinaire est cinq fois plus grand que sur béton, et que sur un chemin de béton l'effort exigé est deux fois et demi plus grand que sur chemin de fer;

4.° Qu'il est matériellement faux de dire, comme un certain antagoniste des chemins de béton le prétend, que *les voies dures et unies perdent leurs avantages lorsque le plan s'incline;* puisqu'une route en béton, par exemple, conserve pour les inclinaisons ordinaires un avantage de 53 kilog. par tonne sur une route ordinaire. Seulement on peut dire que les immenses avantages des routes dures et unies sont légèrement atténués dans les inclinaisons un peu considérables, puisque les rapports vont légèrement en diminuant; car alors l'augmentation de force est la même pour toutes les routes.

Nous n'avons pas eu égard à la diminution du frottement des roues contre la route lorsque le plan s'incline; il faut, pour que cela soit sensible, que les inclinaisons soient déjà considérables.

Ce qui a induit bien des personnes en erreur, c'est que sur chemin de fer horizontal le frottement est si faible, que l'effort exigé n'est que le douzième de l'effort nécessaire sur une route ordinaire; tandis que, si l'on s'incline seulement d'un centième, la force primitive, qui n'était que de 5 kil. par tonne, doit être augmentée de 10 kil., comme pour toute autre route, ce qui rend l'effort total trois fois plus grand qu'il n'était d'abord, et par suite cet effort n'est déjà plus que le cinquième de l'effort exigé sur une route ordinaire à la même inclinaison; mais, quelque rapide que paraisse cette diminution d'avantage, le chemin de fer n'en aura pas moins un avantage de 61 kilogrammes par tonne.

Cherchons maintenant quelle sera la dépense de la force additionnelle voulue pour vaincre les pentes, en prenant $\frac{5}{100}$ pour moyenne d'inclinaison des routes actuelles. L'administration ne permet plus de pentes au-dessus de ce chiffre dans les nouvelles routes, et elle fait tous ses efforts pour y ramener les inclinaisons des routes anciennes qui le dépassent. Mais comme cette amélioration n'est pas encore exécutée sur toutes les routes, et qu'il en existe encore quelques-unes qui ont jusqu'à $\frac{7}{100}$, et ayant égard en même temps à ce que la majorité des montées sont même inférieures à $\frac{4}{100}$, nous avons cru faire de grandes concessions en nous arrêtant à une moyenne de $\frac{5}{100}$. Cela posé, on sait généralement que sur une route d'une étendue de 100 lieues il y a au moins les deux tiers en plaine; mais nous ne compterons que moitié, pour faire compensation à toute erreur. Notre exemple est de 100 lieues : nous aurons 50 lieues en plaine et, comme les descentes doivent être égales aux montées, il nous restera 25 lieues à gravir à une pente constante de $\frac{5}{100}$. D'après le tableau cité plus haut, on trouvera à la colonne Béton et à l'inclinaison de $\frac{5}{100}$, qu'il faut encore une force ou dépense cinq fois plus grande que si l'on était en plaine; c'est-à dire, une force avec laquelle on pourrait parcourir 125 lieues, et ajoutant à cette dépense celle des 75 lieues qui restent en plaine et descente, nous aurons un total de 200 lieues en plaine, ce qui nous donne une dépense double de la dépense primitive.

Comparaison des prix de transport.

Selon nous, le perfectionnement le plus important est la réduction des prix de transport; nous allons donc comparer les prix des différentes voies connues jusqu'aujourd'hui avec notre système.

Nous avons pris pour unité un quintal métrique transporté à une lieue, parce que le mot quintal est plus usuel dans le commerce que toute autre dénomination de poids; il est aussi plus commode pour le calcul de prendre la lieue de 4000 mètres pour unité de distance.

Les intérêts des capitaux sont comptés à 5 p.^{r} 100.

Le mouvement commercial est évalué à 200 tonnes par jour.

Les frais de péage seront distincts de ceux de halage.

Les frais de péage sur chemins de fer sont déduits des calculs faits dans le cours de cet ouvrage; les frais de halage sont tirés des auteurs qui ont écrit sur les chemins de fer.

Les frais de péage et de halage des canaux sont ceux du canal de jonction du Rhône au Rhin.

Les frais de péage sur chemins de béton sont justifiés par tout ce qui précède dans les articles qui y sont relatifs. Ceux de halage sur béton, seront justifiés par un devis ajouté à la fin de cet ouvrage, pour ceux qui voudront s'assurer de l'exactitude de nos calculs.

TARIFS.

Par les messageries, vitesse de 2 lieues à l'heure. . 0^f,371

Le roulage accéléré, et seulement avec une vitesse de 100 lieues en six jours ou 18 lieues par 24 heures 0.20

Le prix moyen du transport en France par le roulage ordinaire, à la vitesse de 8 lieues par 24 heures $0^f,10$

Sur chemins de fer, vitesse de 5 lieues à l'heure.		Péage. . 0^f078 Halage . 0.004	0.082
Canaux, vitesse de 6 lieues par 24 heures.		Péage. . 0^f018 Halage . 0.033	0.051
Navigation sur la Seine			0.042
Chemins de béton (vitesse des chemins de fer) sur	Terrains achetés.	Péage. . 0.026 Halage . 0.009	0.035
	Routes royales .	Péage. . 0.010 Halage . 0.009	0.019

Le prix de transport sur routes anciennes bétonnées, et avec voitures à vapeur, est de $0^f,019$, ce qui ne fait que le *tiers* de celui des canaux, le *quart* de celui sur chemin de fer, le *cinquième* de celui du roulage ordinaire, le *dixième* de celui du roulage accéléré, et le *quinzième* du prix des messageries, avec une vitesse double, ce qui équivaut à la *trentième partie*.

Le transport sur routes nouvelles bétonnées et voitures à vapeur, est de $0^f,035$, ce qui fait seulement les *trois quarts* du prix des canaux, un peu plus que *moitié* de celui des chemins de fer, le *tiers* du roulage ordinaire.

Si au prix de transport par voitures à vapeur sur routes anciennes bétonnées, on ajoutait seulement $0^f,032$, pour le porter au prix des canaux, on aurait au-delà des 5 p.^{r} 100 un autre dividende de 2,360,000 francs, ou 23 p.^{r} 100 du capital de 10 millions employés à la construction d'une route de 100 lieues; en somme 28 p.^{r} 100 : en second lieu, si on le portait au prix des chemins de fer de 0^f,084, l'augmentation des bénéfices serait de 0^f,065 par quintal métrique, ce qui produirait un dividende de 4,745,000 francs au-delà des 5 p.^{r} 100, faisant 47 p.^{r} 100; on pourrait donc rembourser le capital en moins de trois ans.

Et si à 0^f,035, prix de transport par voitures à vapeur sur un chemin de béton construit sur un terrain acheté, on ajoute 0^f,016, pour le porter au prix des canaux, cela produirait un dividende de 1,168,000 francs; ou 5 p.^{r} 100 du capital de 27,200,000 francs, il faudrait alors quatorze ans pour rembourser le capital, et après le rembour-sement les rentes seraient de 10 p.^{r} 100. Mais si on portait le prix au même taux que celui des che-mins de fer, l'augmentation serait de 0^f,052; cette augmentation produirait un dividende de 3,796,000 francs, ou 14 p.^{r} 100 du capital de 27,200,000 francs; le capital pourrait être remboursé en sept ans.

Enfin, si on augmente d'un centime par quintal métrique par lieue, cela donne un dividende de 73,000 francs par 100 lieues.

Toutes les fois que l'on voudra recevoir 5 p.^{r} 100 d'intérêts et sans remboursement de capital, et aussi longtemps que le mouvement commercial ne sera pas au-delà de 200 tonnes par jour (voyez l'exemple que nous avons cité, article chemins de fer), le péage seul sera, d'après les calculs cités plus haut, aussi cher que le prix actuel sur les routes ordinaires par le roulage.

Avec notre système, si le mouvement commercial n'était que de 50 tonnes, ou le quart de celui sur lequel reposent nos calculs, le taux ne serait que de $0^f,019 \times 4$ ou $0^f,076$, prix encore au-dessous de celui des chemins de fer. Ce système peut donc être appliqué même sur des routes pauvres ; et nous avons fait voir que sur ces routes nous pourrions diminuer les frais de construction de plus de moitié.

Nos constructions n'exigent pas ces études préliminaires, si coûteuses pour les canaux et les chemins de fer ; en outre, le temps de l'exécution n'est pas le quart de celui qui est nécessaire pour l'exécution d'un chemin de fer ou d'un canal d'une même étendue ; car le béton, comme l'expérience nous l'a prouvé, supporte les roues des voitures les plus défectueuses, sans éprouver ni dégradation ni dépression, deux mois après qu'il est mis en place. On pourrait en moins d'un an.mettre une grande ligne en activité sur une ancienne route, et par conséquent entrer en bénéfice dès la seconde année, tandis que pour les chemins de fer et les canaux cela n'a lieu qu'après cinq ou six ans. Les frais d'administration seront aussi moins élevés, parce que les constructions et les réparations sont moins difficiles.

En supposant que le Gouvernement exigeât $0^f,008$ par quintal métrique par lieue, ce qui ne serait que la douzième partie des prix actuels par le roulage, le prix total de transport ne serait encore que de $0^f,027$, et $0^f,008$ en moins que sur routes nouvelles en béton; et en calculant le tonnage moyen à 100 tonnes par jour, ce qui ferait 36,500 tonnes ou 365,000 quintaux par an, chaque lieue de route produirait à l'État, sans nuire aux compagnies, une recette de 2920 francs. Si l'on ajoute à ce chiffre les frais d'entretien, se montant à 2000 francs par lieue de route, on aura une économie de 4920 fr., et l'étendue des routes en France est de 15,000 lieues : le Gouvernement trouverait donc un bénéfice de 73,800,000 francs.

En résumé, le roulage ne peut produire la *vitesse*, puisque la vitesse des chevaux ne peut dépasser certaines limites; ni le *bon marché*, parce que l'achat, la nourriture, l'entretien, la fragilité de leur santé, la courte durée d'une vie active, s'y opposeront dans tous les temps.

Les chemins de fer qui produisent la *vitesse*, ne peuvent produire le *bon marché*, à cause des immenses dépenses qu'exigent les tracés préliminaires, les achats de terrains, les travaux d'art de tous les genres, l'entretien, etc.

Les canaux qui produisent à *meilleur marché* que les moyens précédents, ne pourront produire la *vitesse* que lorsqu'on pourra y appliquer la vapeur. D'ailleurs, ils sont impraticables dans un grand nombre de localités, et partout forcés à des chômages plus ou moins longs.

L'application de la vapeur sur les routes ordinaires semble promettre *célérité et bon marché,* si un obstacle ne s'y opposait : c'est l'état de nos routes, qui occasionnera de fréquents dérangements dans les machines, ralentira la marche, augmentera considérablement les dépenses d'entretien et pourra même causer des accidents.

Ainsi donc, l'application de la vapeur sur les routes bétonnées nous paraît seule résoudre complétement le grand ploblème des communications, parce qu'elle nous permet de réaliser les deux conditions essentielles : CÉLÉRITÉ, puisqu'on pourra parcourir une distance de 100 lieues en moins de 20 heures; BON MARCHÉ, puisque le prix de transport ne sera guère que le cinquième du prix actuel, ou tout au plus le quart, en supposant que le Gouvernement prélève un droit de $0^f,008$ par quintal métrique et par lieue. Ce moyen, réunissant à un très-haut degré les deux conditions recherchées avec tant d'ardeur de nos jours, nous paraît l'emporter sur tous les moyens mis en usage ou proposés jusqu'ici, et résoudre complétement le grand problème en question; voilà pourquoi nous le proposons avec confiance, dans le seul et unique but de contribuer à la prospérité et au bien-être de nos concitoyens.

APPENDICE.

Devis des dépenses du halage par la vapeur
sur routes en béton.

Le chevalier Guyonneau de Pambour, ancien élève de l'école polytechnique, officier aux corps royaux de l'artillerie et de l'état-major, vient de publier un ouvrage extrêmement remarquable sur cette partie; ouvrage qui est recommandé par les savants et déjà traduit en plusieurs langues, intitulé : *Traité théorique et pratique sur la locomotion.* Ayant des parents et des amis en Angleterre, et possédant la langue du pays, il put observer les meilleures locomotives des compagnies des chemins de fer de Liverpool et de Darlington, qui ont mis douze de ces machines à sa disposition. Ses théories sont basées sur des expériences si minutieuses, des recherches si nombreuses et des calculs si simples, qu'elles lui ont permis de résoudre une foule de questions, qui, jusqu'ici, ou avaient été mal comprises, ou n'avaient pas même été abordées. Nous avons pensé que nous ne pouvions mieux faire que de le prendre pour guide.

Sur les chemins de fer on a développé la charge, afin qu'elle pèse moins sur chaque dé, pour les ménager et par là diminuer les réparations. Un convoi se compose ordinairement de quatorze wagons et une locomotive, pesant ensemble 71 tonnes, dont 42 de marchandise, 8 pour la locomotive et 21 pour les wagons. Cette grande étendue d'un convoi oblige à donner de plus grands rayons aux courbes de raccordement, quand même il n'y aurait pas déjà d'autres raisons très-puissantes pour l'exiger.

Nous avons déjà démontré que par notre système il nous serait facile de tourner à angle droit; que nos véhicules rentrent dans la catégorie des voitures ordinaires pour les changements de direction, et que notre convoi n'aura pas même autant d'étendue que les voitures de rouliers. Notre chemin présentant plus de surface et par conséquent plus de solidité que les chemins de fer, nous pourrons aussi transporter cinq tonnes au lieu de trois sur chaque wagon, ce qui fait quinze tonnes par convoi, puisque nos convois ne se composeront que de trois wagons.

Les locomotives sur chemins de fer pèsent huit tonnes: on conserve cet énorme poids à dessein, pour qu'elles aient assez de frottement ou de résistance, afin qu'elles puissent traîner un si long et pesant fardeau. D'un autre côté ce sont toujours les producteurs à la Steephenson qui sont employés, et qui exigent encore une trop grande quantité d'eau; le système de vaporisation n'est pas arrivé au point de perfection que ceux des nouvelles voitures destinées pour les routes ordinaires, ainsi que le nôtre, dont il en a été fait une mention honorable par la société d'encouragement (voyez pag. 15). Ces nouvelles locomotives ne pèsent que quatre à cinq tonnes, avec approvisionnement d'eau et de charbon.

Voici quel sera le poids de notre convoi :

tonnes.

Une locomotive avec son approvisionnement. . 4,5

tonne.

Trois wagons étant vides, pesant chacun 1,5. 4,5

Marchandises. 15,0

Le poids total du convoi est de 24,0

La force de traction horizontale sur béton est deux fois et demie plus grande que sur chemins de fer... 24 × 2,5 = 60 tonnes. Le poids d'un convoi sur chemins de fer est de 71 tonnes, qui ne transporte que 42 tonnes de marchandises; et nous, nous en transportons 15, ce qui fait presque les deux tiers du poids total, tandis que sur chemins de fer il n'y a que trois cinquièmes du poids total en travail réel.

Le producteur de vapeur aura une construction telle, que la surface vaporisante devra être de développer une puissance quintuple de celle nécessaire pour une vitesse donnée dans les plaines, lorsqu'il s'agira de surmonter certaines pentes avec la même vitesse.

Le diamètre des pistons sera de 0^m30.
La surface des pistons sera de . 1412 centim. carrés.
La course des pistons sera de. . 0^m40, le double 0^m80.
Le diamètre des roues. . . . . . 1^m60, la circonf. 5^m.

Quelle sera la force nécessaire pour traîner un fardeau du poids total de 24,000 kilog. sur un chemin de béton ?

Partie inclinée de la route.

Le frottement horizontal sur béton est de $\frac{1}{76}$ de la charge, ou 13 kilogr. par tonne, pour 24. . . .   312^k,00

La force additionnelle pour les pentes de $\frac{5}{100}$ serait donc du $\frac{5}{100}$ du poids total à ajouter, ou de 50 kilogrammes par tonne, et pour 24 . . 1200 ,00

Les deux forces réunies égalent . 1512^k,00

Le rapport des vitesses de la roue et du piston sera de $\frac{5}{0,80}^m = 6,25$; or, $6,25 \times 1512 =$ . . . . . 9450^k,00

Le frottement propre de la machine sans charge est de 0^k,5 par tonne, et le frottement dû à la charge est aussi de 0^k,5 par tonne, ensemble 1^k, et pour 24 tonnes. . . . .   24 ,00

La résistance totale due au mouvement progressif des roues est de . . . . 9474^k,00

La résistance sur le piston, répartie par centimètre carré de la surface, sera de $\frac{9474}{1412} = 6^k,7$, plus une atmosphère de 1^k,03 par centimètre carré, et demande une force de 7^k,73, soit 8 atmosphères.

La pression étant connue, ainsi que les dimensions, nous pouvons en déduire la consommation de l'eau, et par suite celle du combustible.

Une vitesse de quatre lieues à l'heure sera la moyenne, puisque l'on donnera une vitesse de trois lieues pour les marchandises, et de cinq lieues pour les voyageurs.

La surface des pistons est de 0^m,1412; la course du piston est de 0^m,40; un double coup par tour de roues donne 0^m,1412 $\times$ 0^m,80 $=$ 0^m,113 de mètre cube. Les 25 lieues en pentes ou 100,000 mètres donnent 20,000 fois 5 mètres ou 20,000 tours de roues; la quantité totale de vapeur sera de 20,000 $\times$ 0,113 $=$ 2260 mètres cubes de vapeur à la pression de 8 atmosphères : à cette pression le volume d'un kilogramme de vapeur est de $0^m,254$; or, $\frac{2260}{0,254} = 8897$ litres ou kilogr. d'eau. Les meilleurs producteurs de vapeur vaporisent $9^k,5$ d'eau par kilogr. de houille, nous ne compterons que 7^k, quoique nous ayons la conviction d'en produire davantage; or, $\frac{8897}{7} = 1271$ kilogr. de houille pour les 25 lieues en pentes que nous avons supposées dans une ligne de cent lieues.

Partie horizontale de la route.

Nous avons dit plus haut que la résistance due au frottement horizontal de tout le convoi était de $312^k,00$

Le rapport des vitesses de la roue et du piston est de $6,25 \times 312 = $ . . . . $1950^k,00$

Le frottement dû à la machine sans charge et celui dû à la charge, est de 1^k par tonne, et pour 24. . . . . $24,00$

La résistance totale due au mouvement progressif des roues est de. . . . . $1974^k,00$

La résistance sur les pistons, répartie par centimètre carré de la surface, sera de $\frac{1974}{1412} = 1^k,4$, plus une atmosphère de $1^k,03$, ensemble $2^k,43$, soit deux atmosphères et demie. Si la machine était gouvernée avec économie, elle ne devrait pas consommer de combustible dans les descentes : nous ne devrions calculer que les 50 lieues en plaine; néanmoins nous compterons sur les 75 lieues ou 300,000 mètres, qui, divisés par cinq mètres de circonférence, demandent 60,000 tours de roues ou doubles

coups, qui seront multipliés par $0^m,113 = 6780$ mètres
cubes de vapeur à $\overset{\text{atm.}}{2,5}$; à cette pression le volume d'un
kilogr. de vapeur est de $0^m,800$; or, $\frac{6780}{0,800} = 8475$ litres
ou kilogrammes d'eau, que nous diviserons aussi par
7 kilogr. d'eau vaporisée par kil. de houille $\frac{8475}{7} = 1211$
kilogr. de houille pour les 75 lieues en plaine. $1211^k,00$

Sur quoi il faut ajouter la portion de route
inclinée . . . . $1271,00$

La consommation totale du combustible est de $2482^k,00$
par voyage par convoi, ou bien pour transporter 15
tonnes à 100 lieues ou 1500 tonnes à une lieue, nous
donne $1^k,65$ par tonne par lieue.

Le prix moyen du quintal métrique de houille est de
3 francs; mais une fois que l'application de ce système
aura lieu, le prix baissera beaucoup; en attendant nous
continuerons à le compter à 3 francs; la dépense en
houille par quintal sera de $0^f,0048$.

M. de Pambour dit que la consommation de la houille
par tonne par mille anglais, est de $0^k,147$; ce qui fait
en lieues de 4000^m $0^k,365$ par tonne. Mais la différence
du chemin de fer au chemin de béton est pour la résistance comme $76 : 200$, en nombre rond comme $1 : 3$;
ainsi $3 \times 0^k,365 = 1^k,095$ par tonne par lieue, et nous
avons $1^k,65$: d'après cela nous aurions $0^k,56$ en sus;
cela provient probablement des 25 lieues que nous avons
comptées à la descente des côtes; nous préférons exagérer
dans ce sens.

Dépenses relatives au matériel et au service.

Le prix d'une locomotive est de . . . . . . 12,000^f

Un wagon à 800 francs, pour trois 2,400

Le prix total du convoi sera de. . . 14,400^f

Le trajet de cent lieues sera fait en vingt-quatre heures; il faut donc faire partir pendant trois jours de suite le nombre de convois voulu avant que les premiers soient de retour. Le tonnage est de 200 tonnes par jour; chaque convoi transporte 15 tonnes : il faudra en conséquence quatorze convois par jour, et pendant trois jours quarante-deux; plus un cinquième en réserve, ensemble cinquante convois. Un seul coûte 14,400 francs; pour 50 = 720,000 francs.

En Angleterre on estime la durée du matériel à vingt ans : nous la réduisons à dix ans; or, il faut rembourser un dixième par an. . . . . 72,000^f

Pour réparations, entretien, graisse, à 20 p.^{r} cent du capital. 144,000

Les rentes ordinaires pour les actionnaires, à 5 p.^{r} 100 du capital, pour le matériel. . . 36,000

Service, 3 hommes par convoi ou 150 à 800 francs par an 120,000

La dépense d'une année pour le matériel et le service est de . . . . 372,000^f

200 tonnes par jour font 7,300 tonnes par an, et si elles sont transportées à 100 lieues, c'est 7,300,000 tonnes transportées à une lieue $\frac{372,000 \text{ francs}}{7,300,000 \text{ tonnes}} = 0^f,05$ par tonne par lieue, ou 0^f,005 par quintal métrique par lieue.

En récapitulant les dépenses pour le halage, le quintal métrique coûtera par lieue :

1.º Pour le combustible. . 0^f,004
2.º Pour le matériel. . . . 0.005· } 0^f,009.

La consom- / l'eau . . . . { en pentes 1780 } litres. / en plaines 565 } moyennes. 1172 litr. ou kilog.
mation
par heure / le charbon. { en pentes 254^k }
pour \ en plaines 81 } 167 kilogrammes.

Le poids de l'approvisionnement par heure est de . . . . 1339 kilogrammes.

Le poids du producteur : cuivre 1456^k, fer 1000^k ; en somme 2456

Total. 3795

Pour les roues et les autres parties de la voiture 705

Poids total de la locomotive comme nous l'avons dit plus haut. . . . . 4500 kilogrammes.

Pour nous mettre à l'abri de tout reproche, nous avons exagéré les dépenses, 1.º dans la consommation du combustible de 1^k,65 au lieu de 1^k,095 par tonne par lieue, ce qui fait un tiers en plus, et en mettant le quintal métrique de houille à 3 fr. sans aucune des réductions très-probables ; 2.º dans les frais d'entretien des routes que nous avons mis à 2 p.^{r} 100 du capital, tandis que sur chemins de fer ils ne sont comptés qu'à 1¼ p.^{r} 100.

73

NOTE.

—

Moniteur du 23 avril 1836.

Séance de la Chambre des députés, du 21 avril.

Débats sur la loi des douanes, articles des fers, particulièrement de l'entrée en franchise des rails. Discours des Ministres; leur opinion sur les chemins de fer.

« . . . . . *M. le Ministre du commerce.*

« Messieurs, au point où la discussion est parvenue, je ne reviendrai pas sur les nombreux détails qui ont été donnés dans la séance d'hier et d'avant-hier, sur la situation de l'industrie des fers, sur ses progrès et sur son avenir.

« Je dirai seulement quelques mots sur les chemins de fer, puisqu'on en a parlé si longuement dans la séance. Sans aucun doute, et nous en avons la preuve sous les yeux, les chemins de fer réussiront en France s'ils sont construits avec prudence et prévoyance. Mais il ne faudrait pas se laisser aller à toutes les illusions qu'on me semble se faire sur les immenses développements que ne vont pas tarder à prendre ces nouveaux moyens de communication. L'expérience qui a été faite en Angleterre et parmi nous, démontre que si les chemins de fer présentent des avantages incontestables pour le transport des personnes, il n'est pas avéré qu'ils puissent offrir des avantages analogues pour le transport des marchandises. Assurément, des marchandises fines, des objets d'une grande valeur et de peu de poids, pourront être portés à des prix modérés relativement à leur valeur sur les chemins de fer; mais pour les marchandises d'un grand poids et de peu de valeur, les frais de transport sont considérables, trop, je crois, pour que ces marchandises voyagent en abondance : car il faut se rappeler que les détériorations sont très-graves annuellement, et subordonnées au poids et à la quantité des convois.

« Je crois pouvoir affirmer qu'en France, malgré que de nombreux éléments de progrès soient en nos mains, l'industrie des chemins de fer n'ira pas aussi vite qu'on le suppose, et que nous ne les verrons en confection qu'en petit nombre.

« Si nous évaluons à trente lieues par an la longueur des chemins de fer que nous aurons à construire d'ici à quelques années, je crois que c'est l'évaluer très-haut.

« Dans ce moment il n'y a de concession que pour vingt-cinq lieues, dont cinq ou six en confection, la construction devant durer plusieurs années.

« *M. Thiers, président du conseil.*

« Messieurs, d'abord permettez-moi de dire quelques mots sur les chemins de fer. Je puis en dire quelques paroles, parce que j'ai eu l'honneur d'être pendant trois ans ministre des travaux publics, que j'ai été en rapport avec les constructeurs des chemins de fer, et que peut-être je pourrai mieux que d'autres dire les vrais motifs qui empêchent la création de ces grands établissements en France et dans toute l'Europe, ou qui du moins les retardent s'ils ne les empêchent pas.

« Qu'il me soit permis, avant d'entrer dans ces détails, de vous dire que le Gouvernement n'a rien négligé pour être parfaitement instruit; il a envoyé des ingénieurs dans toutes les parties du monde, et c'est d'après les documents qui ont été recueillis avec grand soin, c'est en parfaite connaissance des faits que je parle.

« Il n'y a qu'un pays dans le monde, aujourd'hui, où les chemins de fer ont reçu un grand et rapide développement, c'est l'Amérique. Voulez-vous en savoir les motifs?

« Là il n'y a pas de routes créées, et quand on a à faire le choix entre une route ordinaire et un chemin de fer, on aime mieux faire la dépense d'un chemin de fer que d'une route.

« Il y a encore une autre raison, c'est que les terrains, dans ce pays-là, ne coûtent rien, et que la matière première coûte peu; car on étend des pièces de bois parallèlement de niveau sur les chemins; car les rails se font en bois, et on les revêt d'une simple lame de fer. Aussi voit-on en Amérique des distances de 40, 50 et même 80 lieues de chemins de fer ; il y a même des projets de 200 lieues qui ne sont pas encore près de s'exécuter, quoiqu'on s'en vante, mais enfin qui existent.

« Il y a une autre raison encore : dans nos pays, où la civilisation est très-perfectionnée, nous avons un très-grand respect pour la vie des hommes ; nous ne permettons pas certaines inclinaisons qui pourraient compromettre la vie des voyageurs ; mais, dans ce pays, pourvu qu'on arrive, peu importe, on néglige les précautions... Si je pouvais entrer ici dans une discussion qui ne convient qu'à des ingénieurs, et qui ne me convient pas, je prouverais qu'entre les pentes qu'on accepte en Amérique, et celles auxquelles on s'arrête en France, il y a une différence énorme, et qu'en Europe on ne consentirait jamais à ce qu'on accepte à cet égard en Amérique.

« Ainsi, ce qui a amené en Amérique ce grand développement des chemins de fer, c'est le besoin du pays, le manque de routes ordinaires, qui fait que, puisqu'il faut commencer, on aime mieux, et on a raison, commencer par des chemins de fer ; c'est que le terrain ne coûte rien, et que si la main-d'œuvre est aussi chère qu'en France, en revanche la matière première, le bois, coûte infiniment peu ; c'est que, en outre, on néglige beaucoup de travaux de précaution. A ces conditions on peut faire vite.

« Mais dans des pays comme les nôtres, comme la France, comme l'Angleterre, le terrain est possédé par des capitalistes très-riches, qui s'inquiètent fort peu, comme on l'a dit, du bien public, pourvu qu'ils vendent leur terrain le plus possible ; de plus, nous avons des lois très-soucieuses des intérêts de la propriété ; il faut des enquêtes, des procès à n'en pas finir ; le terrain est d'une cherté énorme ; le respect pour la vie des voyageurs exige des travaux d'art très-perfectionnés ; et comme on ne peut pas dépasser certaines pentes, tantôt il faut des souterrains, tantôt des terrassements : la main-d'œuvre est chère, sans l'être cependant plus qu'en Amérique ; les matériaux sont chers ; et puis, à côté du chemin de fer que l'on veut construire, il y a une route ordinaire, il y a un canal, etc. Or, quand la dépense de viabilité d'un pays est faite, on y regarde à deux fois avant de se lancer dans la dépense d'une viabilité nouvelle et toute artificielle, parce que *l'établissement d'un chemin de fer est très-coûteux et que le bénéfice est incertain.*

« Voilà la véritable cause de la différence.

« Elle n'est pas dans la cherté du fer ; car il faut que vous sachiez qu'en Angleterre les constructions de chemins de fer ne vont pas plus vite qu'en France.

« Quant à l'utilité, il faudrait n'avoir pas été témoin de la rapidité merveilleuse de ces communications pour en douter.

« Mais la dépense première est très-coûteuse ; qui fera ces entreprises ? sera-ce le Gouvernement ? seront-ce les particuliers ? Voilà une question sur laquelle il est bon de jeter quelques idées, afin que le pays en soit saisi.

« Si c'est l'État qui s'en charge, vous entrevoyez tout de suite de très-grandes dépenses ; on vous dit que lorsque vos canaux et vos routes royales ne sont pas achevés, il est téméraire et imprudent d'aller jeter des fonds énormes dans la confection de routes artificielles, et quand je dis artificielles, ce mot a beaucoup de portée ; il se fait chaque jour en ce genre des perfectionnements nouveaux. Or, ce qui fait que les gouvernements doivent hésiter beaucoup à se jeter dans des créations de cette nature, c'est que, comme tous les jours on change, les derniers venus profiteront des écoles de leurs devanciers. Il y a toujours avantage à ne s'être pas trop pressé.

« On conçoit donc que les gouvernements ne se hâtent pas : la première raison, c'est qu'ils ne se jettent pas volontiers dans des dépenses de viabilité nouvelles, lorsqu'ils n'ont pas encore achevé leurs routes et leurs canaux, qui doivent passer avant ces moyens artificiels ; la seconde, c'est que ceux qui se presseront seront exposés à faire des dépenses inutiles.

« Dans cette situation il est plus naturel de laisser faire les compagnies ; mais les compagnies ne peuvent pas réunir les ressources nécessaires pour ces entreprises, lorsqu'elles sont faites en de très-grandes proportions.

« On a essayé des chemins de fer dans certaines directions, entre Lyon et Saint-Étienne, entre. Saint-Étienne et Andrésieux, où il y a du minerai. On en a essayé pour les mines d'Épinal, et encore d'Alais à Beaucaire, où il y a des houilles qui peuvent rendre utiles des communications avec le Rhône. Enfin, on vient d'en essayer un aux portes de Paris. Lorsque la distance est courte et qu'il s'agit de faciliter les communications entre des points où la population est très-pressée, tels que Paris et ses environs, Paris et Versailles, Paris et Saint-Germain, le revenu étant à peu près certain, on comprend que les compagnies se présentent ; mais quand il s'agira de chemins de fer d'un très-grand développement, lorsqu'il s'agira d'avancer 50, 60 et 80 millions, les compagnies ne trouveront pas d'actionnaires.

« Ceux qui ont imaginé d'autres causes ne sont pas dans la réalité des faits.

« La véritable question est celle-là. Les gouvernements ne peuvent se jeter imprudemment dans de pareilles créations, il faut de nombreux essais, il faut vérifier les faits, et l'utilité définitive des chemins de fer est démontrée à mes yeux ; mais la conviction d'un individu ne peut être la conviction d'un pays et d'un gouvernement.

« Tout récemment une grande compagnie étrangère s'est présentée ; elle est venue de la Belgique : c'est peut-être la seule qui ait parlé de réunir 80 ou 100 millions ; nous l'avons accueillie ; mais de grandes difficultés se sont rencontrées ; j'espère qu'on parviendra à les lever, et s'il est possible de mener l'affaire à bien, M. le Ministre du commerce s'y emploiera de son mieux. Ce sont cependant encore des choses trop problématiques.

« Il faut souhaiter que des compagnies se forment ; il s'en est formé pour les mines d'Épinal, pour le chemin d'Alais à Beaucaire ; il s'en formera quand il s'agira de réunir des points rapprochés et où la population est nombreuse. Mais il n'en est pas de même pour les grandes lignes.

« Vous le voyez, la question est ramenée à des proportions infiniment moindres ; il ne s'agit plus de ces immenses établissements de chemins de fer ; il s'agit seulement de quelques améliorations de prix à procurer à quelques compagnies, à des compagnies qu'on pourrait nommer ; car il n'y a que trois ou quatre chemins de fer en construction aujourd'hui.

« Il n'y a aujourd'hui véritablement en France que trois chemins de fer en construction : celui de Paris à Saint-Germain, celui d'Alais à Beaucaire, qui a été adjugé depuis longtemps et qui n'est pas même encore commencé, et enfin un autre de trois lieues et demie du côté d'Alais, qui n'est pas encore commencé non plus. Je ne parle pas d'autres qui sont situés dans des usines, aux environs d'Anzin, de Denain, par exemple. Toujours est-il qu'en réalité il y a peut-être 8 ou 10 lieues de chemin en France, si même il y a cela.

« Je prie la Chambre de me prêter, pour les calculs, la plus grande attention ; c'est là le point important de la question.

« Eh bien ! il n'y a pas aujourd'hui 8 ou 10 lieues de chemins de fer en construction en France ; et pour mon compte, si on venait à m'assurer qu'on en fera cinq par année, je me tiendrais pour fort heureux, et je trouverais que nous procédons plus rapidement que l'Angleterre elle-même. Mais j'irai plus loin : je vais supposer dix lieues de chemins de fer par an. Eh bien, dix lieues, cela exige 5 millions de kilogrammes ; or, je vous le demande, lorsque vous faites par an dans le pays 177 millions de kilogr. de fer, serait-ce bien difficile de faire 5 millions de plus, c'est-à-dire d'ajouter 5 millions aux 177 que vous produisez.

« Reste maintenant la dépense.

« Je vais faire un calcul qu'on ne pourra aucunement contester ; je vais en donner les éléments à la tribune, chacun sera à même de le faire avec moi, et il ne restera pas d'obscurité sur la question.

« M. le Ministre du commerce, pour ne rien exagérer, a évalué à 800,000 francs la lieue ; il faut dire que c'est là le chiffre d'une moyenne qui est uniquement en prévision ; car jusqu'ici il n'y a pas un chemin de fer qui n'ait coûté que 800,000 fr. par lieue ; celui de Liverpool à Manchester a coûté 1,652,000 fr. la lieue ; mais c'était en Angleterre, et je conviens que là les dépenses sont incommensurablement plus grandes que chez nous.

« De Paris à Saint-Germain on ne sait pas encore la dépense, mais je crois que je ne serai pas démenti, quand je dirai que très-probablement elle dépassera un million par lieue ; car les propriétaires de ce chemin croient qu'ils dépenseront plus de 5 millions, et il y a 5 lieues de distance.

« Le chemin de Saint-Étienne a coûté plus d'un million la lieue.

« *M. Auguis.* Il a coûté 1,300,000 francs, les entrepreneurs l'avouent eux-mêmes.

« *M. le président du conseil.* Vous voyez donc qu'il s'agit d'une dépense d'environ un million à 1,200,000 francs. Je dirai un million si l'on veut.

« Or, combien faut-il de fer dans un chemin qui doit coûter un million la lieue ? Il faudra, en exagérant toutes les quantités du fer, en supposant une solidité dans les rails qu'on ne met plus aujourd'hui ; en supposant une solidité extraordinaire, il faudra 500,000 kilogr., et il y a des ingénieurs qui disent que 400,000 kilogr. suffiraient à double voie ; mais nous en accordons 500,000 si on veut : or, dans l'hypothèse qu'il en faudrait 500,000 kil., c'est-à-dire un demi-million, cela mettrait les rails au prix de 40 francs, et en France, en moyenne, on peut les avoir à ce prix, et je ne parle pas d'après une hypothèse, mais d'après des marchés existants : on donne les rails à 40 francs, et on pourrait les donner à meilleur marché si on le voulait.

« *Plusieurs voix.* On les donne à 35 francs (*bruits divers*).

« *M. le président du conseil.* Il y a maintenant des marchés à 40 francs le rail, et je vous atteste qu'à ce prix il y a encore un bénéfice très-suffisant.

« Eh bien, à ce prix, le demi-million de kilogrammes représente une dépense de 200,000 francs.

« Ainsi sur 1,200,000 ou 1,300,000 francs de dépense, la somme de fer qui entre dans la construction du chemin est de 200,000 fr. par lieue. Ce qui a trompé tout le monde, c'est le titre de chemin de fer ; on a cru que le fer était la dépense principale ; mais il n'en est pas ainsi : *la dépense importante, ce sont les terrains, les travaux d'art ;* le fer n'est que la moindre partie de la dépense (*bruit*). Voilà le prix que les auteurs des chemins de fer seront obligés de consacrer aux fers dans les conditions actuelles.

« Maintenant, supposons que le droit soit réduit comme le demande la commission pour les rails. Voici quelle sera la différence. Je vais encore reproduire le calcul à la Chambre pour qu'elle juge de sa vérité et de sa solidité.

« Le fer est aujourd'hui en Angleterre à 10 livres ; il est même à un prix plus haut. Je connais des Anglais qui le vendent 12 livres ; mettez 10 livres pour ne rien exagérer, c'est 250 fr. la tonne, ou 25 fr. le quintal métrique ; il y a ensuite 5 francs de frais, ainsi qu'on l'a calculé, cela fait 30 francs ; il faut ajouter 5 fr. de droits, cela ferait 35 fr.

« A 35 fr. le demi-million de kilogr. représente une somme de 175,000 fr. Ainsi la différence serait, pour l'emploi du fer, de 175,000 fr. à 200,000 fr., c'est-à-dire de 25,000 fr.

« Ainsi l'avantage que vous allez procurer aux compagnies qui font les chemins de fer, c'est sur une dépense de 1,200,000 ou 1,300,000 fr. par lieue, une économie de 25,000 fr., c'est-à-dire de 2 à 3 p.ʳ 100 ; voilà la différence. »

Notre Mémoire était sous presse lorsque ces discours nous sont parvenus ; et comme nous nous trouvons parfaitement d'accord en ce qui concerne les chemins de fer, nous avons cru que nous ne pouvions mieux faire que de nous appuyer sur une si haute autorité.